감옥에서 찬송으로

Originally Published in English under the title

Prison to Praise

Copyright ⓒ 1970 by Merlin R. Carothers
Published by Merlin R. Carothers
Escondido, California 92033 U.S.A.
All rights reserved.

This Korean Translation Copyright ⓒ 2024 by Kyujang Publishing Company

이 한국어판의 저작권은 저작권사와 독점 계약한 규장 출판사에 있습니다.
신 저작권법에 의하여 한국 내에서 보호 받는 저작물이므로 무단 전재와 무단 복제를 금합니다.

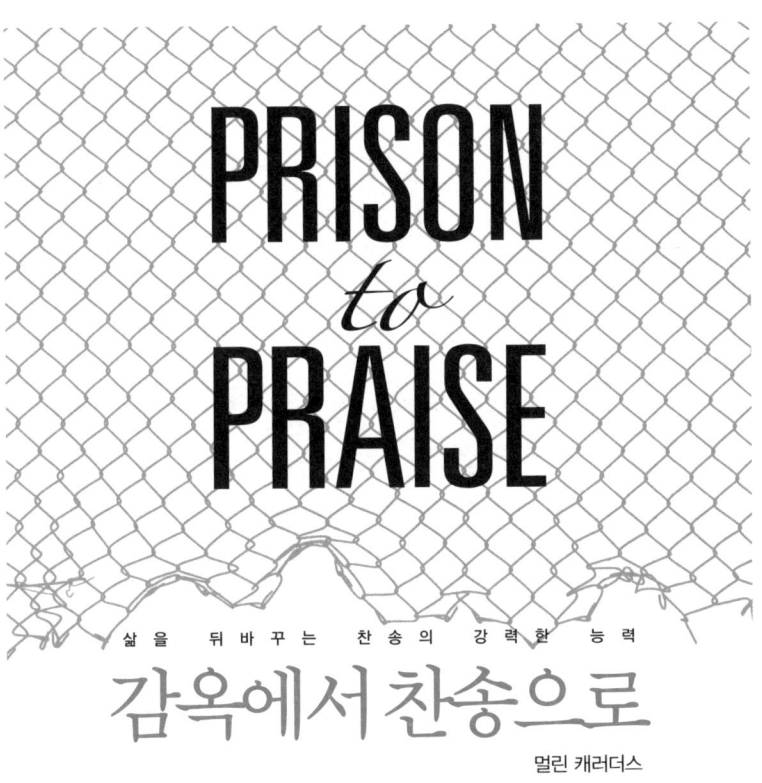

삶을 뒤바꾸는 찬송의 강력한 능력

감옥에서 찬송으로

멀린 캐러더스

규장

| 서문 |

《감옥에서 찬송으로》에서 감옥은 창살이 있는 감옥이 아니라 환경의 감옥을 뜻한다. 그리고 이 책은 거기서 어떻게 자유를 얻을 수 있는지 알려준다.

이 책은 쉽고 재밌게 읽힌다. 많은 사람이 이 책을 자신이 읽어본 책 중에 희한한 책으로 꼽는다. 수많은 사람이 이 책을 통해 인생이 달라졌다고 고백하며, 자신들이 겪는 문제의 해결책이 담긴 책으로 꼽는다. 그 결과, 전 세계에서 몰려온 요청에 의해 59개 언어로 번역되어 소개되었으며, 1,900만 명이 넘는 독자에게 깊은 은혜를 전했다.

"범사에 감사, 범사에 찬송"이라는 멀린 캐러더스의 독특한 콘셉트는 '기적'이라고 말할 수밖에 없는 결과를 가져왔다. 그는 제2차 세계대전에서는 드와이트 아이젠하워(Dwight D. Eisenhower) 장군의 경비병이자 낙하산부대원으로, 이후 한국 전쟁과 도미니카 내전, 베트남 전쟁에는 미국 군종장교로 참전한 유일한 작가일 것이다.

  이런 전쟁의 와중에서 멀린 캐러더스는 그의 삶을 변화시킨 놀라운 사실들을 깨달았다. 그 과정을 생생히 담은 이 책을 통해 많은 사람이 생각지도 못했던 행복을 누리게 되었다. 많은 그리스도인이 감사하는 삶의 비밀을 발견하면 평안하게 살 수 있다는 것을 깨닫고는 감격했다.

  이 책을 읽고 나면 당신이 처한 상황을 어떻게 극복하고 승리할 수 있을지 알게 될 것이다!

항상 기뻐하라
쉬지 말고 기도하라
범사에 감사하라
이것이 그리스도 예수 안에서
너희를 향하신 하나님의 뜻이니라

살전 5장 16-18절

CONTENTS

서문

1 감옥에 갇힌 자 12

2 드디어 자유 34

3 능력을 향한 위험한 탐색 48

4 가장 경이로운 사건, 성령 충만 60

5 내 안에 가득한 그분의 능력으로 74

6 전장에서 펼쳐진 하나님의 기적 98

7 기뻐하라, 모든 것에서 기뻐하라 122

8 하나님을 찬송하라 148

에필로그

어머니는 항상 아버지가 하늘에 계시고,
하나님이 우리를 돌보실 거라고 말씀하셨지만,
사춘기에 접어든 열두 살의 나는
우리를 그딴 식으로 취급하는
하나님이란 존재에 분노하며 등을 돌렸다.

Prison to Praise

왼쪽 손목에 차가운 금속 감촉이 느껴지며 날카로운 목소리가 귓전을 울렸다.

"FBI다. 널 체포하겠다."

나는 자동차 뒷좌석에 편안히 앉아 창밖으로 왼팔을 내밀고 있었다. 그 차는 훔친 차량이었고, 나는 군대를 무단으로 이탈한 상태였다.

내가 탈영병이 된 것은 대수롭지 않았지만, 잡혔다는 사실에 자존심이 상했다. 나는 언제나 마음 내키는 대로 일을 저지르고 잘 빠져나갈 수 있을 거라고 생각했다. 하지만 이제 나는 감방의 굴욕을 견디고, 형편없는 찬밥을 먹기 위해 줄을 서며, 쓸쓸한 감방의 딱딱한 침대로 돌아가 할 일 없이 벽만 바라봐야 했다. 어쩜 이렇게 엉망진창이 되도록 어리석을 수 있었을까?

어디서부터 잘못됐을까?

나는 열두 살 무렵부터 꽤 독립적이었다. 그때, 한창 자라는 아들 셋과 어머니만 남겨둔 채 아버지가 갑자기 돌아가셨다. 두 동생이 일곱 살, 한 살이었기에 어머니는 허드렛일을 시작하셨고, 정부 지원금으로 우리를 먹여 살리셨다.

어머니는 항상 아버지가 하늘에 계시고, 하나님이 우리를 돌보실 거라고 말씀하셨지만, 사춘기에 접어든 열두 살의 나는 우리를 그딴 식으로 취급하는 하나님이란 존재에 분노하며 등을 돌렸다.

살길을 찾아야겠다고 결심한 나는 매일 학교가 끝나면 해가 지고 밤이 늦도록 신문을 돌렸다. 어떻게든 열심히 살아볼 작정이었고, 그럴 수 있을 것 같았다. 나에겐 내가 손에 쥘 수 있는 모든 것을 움켜잡을 권리가 있었다.

어머니가 재혼하자 나는 아버지의 옛 친구 몇 분과 함께 살게 되었다. 고등학교에 진학해서도 일을 그만두지 않았다. 방과 후와 여름방학 내내 식품 포장, 제품 운송, 인쇄 조판 등의 일을 했는데, 어느 해 여름에는 펜실베이니아에서 벌목공으로 일하기도 했다.

대학에 진학했지만, 돈이 떨어져 일을 계속 해야 했다. 이즈음엔 B&W 제철소에서 쇠를 자르고 연마하는 일을 했다. 썩 즐거운 일은 아니었지만, 이 일을 하면서 최상의 몸 상태를 유지할 수 있었다. 체격이 좋은 것은 극심한 생존 경쟁에서 우위를 점하는 한 가지 방법이었고, 나는 어떤 경우든 손해를 볼 생각은 없었다.

더 큰 자극을 따라

육군이 될 생각은 전혀 없었다. 미국 상선단(US Merchant Marine)이 되어 바다로 나가고 싶었다. 그보다 더 멋지게 제2차 세계대전에 참전하는 방법은 떠올릴 수 없었다. 상선단에 입대하기 위해서는 복학을 이유로 내게 징병 유예를 내렸던 징병위원회로부터 A-1로 재분류를 받아야 했다.

그런데 상선단에 가기도 전에 육군에서 나를 징집했다. 육군에서 나에게 해군으로 자원해도 된다고 하기에 그렇게 했는데 어이없는 사건 때문에 해군으로 가지 못했다. 실수로 시력 검사표의 엉뚱한 줄을 읽는 바람에 시력 검사에 탈락한 것이다! 온갖 노력을 다했음에도 불구하고 나는 그렇게 앨라배마주 포트 맥클레런에서 기초 훈련을 받는 처지가 되었다.

지겨워 죽을 것 같았다. 훈련이 너무 시시했던 나는 자극적인 것을 찾아 조지아주의 군 기지인 포트 베닝(현 포트 무어)의 공수 훈련에 지원했다.

마음에 반항이 가득했던 나는 상관들과 잘 지내는 것이 언제나 가장 어려웠다. 왜인지는 모르겠지만, 전면에 나서지 않으려는 노력에도 불구하고 상관들은 나를 콕 집어냈다. 한번은 톱밥을 깐 훈련장에서 체력 단련을 하던 중 아무 생각 없이 땅에 침을 뱉었다. 그런 나를 본 하사가 먹구름처럼 다가와 소리쳤다.

"뱉은 것 도로 입에 담아서 밖으로 가지고 나와!"

'설마, 농담이겠지!'

내 생각은 그랬지만 붉게 달아오른 그의 얼굴을 보아하니 농담이 아니었다. 결국 나는 모욕감과 함께 치밀어 오르는 분노를 가까스로 감추고, 뱉었던 침과 톱밥을 한입 가득 주워 담아 '밖으로' 가지고 나갔다.

하늘을 나는 비행기에서 처음으로 낙하하는 기회를 얻었을 때는 그에 대한 보상을 받은 것 같았다.

'이런 게 진짜지!'

내가 열망하던 자극적인 것 말이다. 우렁찬 비행기 엔진 소리 너머로 명령이 떨어졌다.

"준비… 일어서… 연결… 문 앞에 서… 낙하!"

폭발하는 공기에 마치 강풍 속 나뭇잎이 된 듯한 기분이 들다가, 낙하산에 붙은 밧줄이 끝까지 다 펴지면 뼈마디가 덜컹거리는 충격을 받는다. 마치 10톤 화물트럭에 치인 듯한 느낌이 든다.

 그러고 나서 정신이 들면 아름답고 적막한 세상 가운데 있다. 머리 위엔 봉긋 솟아오른 희고 거대한 비단 아치, 낙하산뿐이다.

 나는 낙하산부대원이 되어 반짝이는 점프 부츠를 신는 영예를 얻었다.

 그래도 여전히 더 큰 자극을 원했던 나는 폭파 전문요원으로 고급 훈련에 자원했다. 전쟁에 참여하고 싶었던 나는 작전은 치열할수록 좋다고 생각했다.

 폭파 전문요원 과정을 수료하고 포트 베닝으로 돌아와서 해외 파병 명령을 기다렸다. 영창에서 보초를 서거나 취사병으로 근무하며 좀 더 기다렸다. 인내심은 나의 장점이 아니었다. 육군이 움직이는 속도를 보아하니 전쟁이 끝날 때까지 냄비나 프라이팬 따위만 닦다가 아무 재미도 보지 못할 것 같았다.

 아무것도 하지 않으면서 빈둥거릴 생각이 없었던 나는 동료와 함께 탈영을 결심했다.

 탈영, 강도, 감옥

 어느 날 우리는 그냥 주둔지 밖으로 나온 다음, 차를 한 대

훔쳐서 아무 데로나 향했다. 누군가 우리를 쫓을 경우를 대비해 처음 훔친 차를 버리고 또 다른 차를 훔쳐서 펜실베이니아주 피츠버그에 다다랐다. 그곳에서 돈이 떨어진 우리는 권총 강도짓을 하기로 결심했다.

내가 총을 가졌고 동료는 차 안에서 기다렸다. 우리는 만만해 보이는 가게를 하나 골랐다. 내 계획은 전화선을 뽑아서 그들이 경찰을 부르지 못하게 하는 것이었다. 가게로 들어가서 최대한 세게 전화선을 잡아당겼지만, 전화선은 요지부동이었다. 나는 당황했다. 주머니에 권총이 있고 금전등록기에는 현금이 가득했으나, 경찰을 부를 수 있는 전화선도 그대로 있었다. 나는 대참사를 일으킬 생각은 없었다.

결국 나는 다시 차로 돌아와 동료에게 사실대로 말했고, 우리가 자동차 뒷좌석에 앉아 풋사과를 먹으며 대화를 나누던 그때, 경찰이 결국 우리를 따라잡았다. 우리도 모르는 사이에 우리를 잡기 위해 여섯 개 주에서 경보가 발령되었고 FBI가 우리를 바짝 뒤쫓고 있었던 것이다.

모험을 찾아 떠난 우리 여정은 슬프게도 실패로 끝났다. 나는 불과 몇 달 전에 내가 보초를 섰던 포트 베닝의 영창으로 돌아왔다. 6개월 감금을 선고받은 나는 그 즉시 해외 파병을 가기 위한 시위를 시작했다. 동료 수감자는 웃으며 이렇게 말했다.

"해외 파병을 가고 싶었으면 탈영하지 말았어야지."

나는 해외 파병을 기다리기 지루해 탈영했던 것이라고 계속 주장했다.

결국 나의 항변은 받아들여졌다. 나는 해외 파병 명단에 올랐고, 감시를 받으며 뉴저지주 캠프 킬머로 갔다. 거기서 유럽으로 가는 배를 기다리기 위해 영창에 배치되었다.

마침내 내 길을 가게 되었다. 거의 그런 것 같았다. 하지만 배가 출항하기 전날 밤, 사령관 사무실에 불려 간 나는 내가 다른 장병들과 함께 항해할 수 없다는 사실을 알게 되었다.

"FBI는 자네를 붙잡아 펜실베이니아주 피츠버그로 돌려보내길 원한다."

또다시 차가운 금속 수갑의 감촉을 느끼며 무장 경비의 감시 아래 피츠버그로 돌아왔다. 근엄한 얼굴을 한 판사가 공소사실을 읽으며 물었다.

"유죄입니까, 무죄입니까? 어떻게 답변하겠습니까?"

어머니가 그곳에 와 계셨다. 어머니의 두 눈에 눈물이 가득 고인 모습을 보고 나는 당혹스러웠다. 내가 한 일을 후회하는 것은 아니었다. 나는 거기서 빠져나와 방탕한 삶을 이어가고 싶었다. 빠르면 빠를수록 좋았다.

"유죄입니다, 판사님."

나는 현행범으로 체포되었고, 어쨌거나 잡히는 것은 이번이 마지막이라고 생각했다. 앞으로는 요령을 터득해서 안전하게 써먹을 것이다.

수사관들의 의견을 구했던 판사에게 지방 검사는 조심스럽게 나의 과거를 설명했다.

"존경하는 판사님, 저희는 선처를 요청합니다."

"귀관은 무엇을 원합니까?"

판사가 내게 물었다.

"육군으로 복귀해 참전하고 싶습니다."

내가 할 수 있는 말은 그게 전부였다.

"피고에게 연방 교도소 5년 형을 선고합니다."

판사의 말은 마치 하늘에서 한 무더기 벽돌이 떨어지는 것 같은 충격을 주었다. 그때 내가 열아홉이었으니 출소하면 스물넷이 되는 것이었다. 내 인생이 물거품이 되어버린 느낌이었다.

"귀관의 형을 일시적으로 유예하고 귀관은 육군으로 복귀할 것입니다."

살았다, 정말 다행이다! 한 시간도 안 되어 나는 석방되었다. 그러나 가장 먼저 지방 검사는 내게 5년 안에 제대하게 된다면 자기 사무실에 반드시 알려야 한다며 엄하게 일장 연설을 했다.

천신만고 끝에 참전

드디어 자유다! 나는 뉴저지주 포트 딕스로 향했지만, 결과적으로 또 다른 한 무더기 벽돌을 맞은 격이 됐다. 포트 딕스는 내 서류 기록을 보더니 무단 탈영에 대한 6개월 형을 채우게 하려고 나를 영창으로 보냈다!

당시 내 머릿속에는 오직 한 가지 생각뿐이었다. 참전이 아니면 끝이라는 각오였다. 나는 또다시 해외 수송에 포함해달라는 시위를 시작했다. 사령관을 성가시게 한 결과, 형기를 4개월 채웠을 즈음 석방되었다. 그리고 곧 모레타니아호를 타고 대서양을 가로질렀다.

병사들은 선창 내 여섯 개 층에 배정되었는데 다행스럽게도 나는 맨 꼭대기 침상을 받았다. 그리하여 아래층 병사들이 종종 받곤 했던 구토 소나기를 피할 수 있었다.

내가 크게 신경 쓸 일은 아니었지만 말이다. 나는 참전한다는 생각에 흥분했고 시간을 조금도 낭비하지 않았다. 전쟁을 통해 가능한 최대한의 흥분과 최대한의 이익을 얻기 위해 나아가고 있었다.

감금 기간에 개발한 한 가지 재능이 이때 꽤 쓸모가 있었다. 나는 도박을 무척 잘하게 되었는데, 대서양을 가로지르며 밤낮으로 이 보람찬 노력은 계속되었고, 나는 도박으로 돈을 조금 모았다. 우리가 어떤 환경에서 항해하고 있는지 깨닫게 해

준 것은 우리를 조준했지만 빗맞혔던 독일 잠수함과의 짧은 조우뿐이었다.

벌지 전투

영국에서 우리는 기차에 실려 영국해협으로 갔다. 거기서 작은 배를 타고 해협의 일렁이는 물길로 나아갔다. 엄청난 폭우가 쏟아졌다. 프랑스 쪽에 다다른 우리는 바다에 뛰어들어 허리까지 오는 깊은 물을 헤치며 해안까지 걸어가야 했다.

차가운 통조림 야전식을 먹기 위해 물에 젖은 채 해변에 줄지어 서 있었다. 그리고 나서 서둘러 동쪽으로 이동하는 기차에 올랐다. 쉬지 않고 프랑스를 통과한 우리는 벨기에로 향하는 트럭에 옮겨 탔다. 우리는 82공수사단과 함께 벌지 전투(the Battle of the Bulge)에 맞추어 그곳에 도착했다.

전투에 참여한 첫날, 나의 병력에 '폭파 전문가'라고 기록된 것을 본 부대 사령관은 한 무더기 가소성 폭약으로 소형 폭발물을 만드는 작업에 나를 참여시켰다. 폭약 무더기는 90센티미터 정도의 높이였기에 통나무를 하나 끌어다 놓고 일을 시작했다. 다른 병사가 한 명 더 왔는데 알고 보니 그는 여러 달째 이 부대에 있었다고 한다.

82공수사단과 함께한 그의 경험담을 들으면서, 들판 너머로 포탄이 터지는 모습을 보았다. 포격은 점점 우리가 있는 곳에 가까워졌다. 나는 옆에 있는 병사가 언제쯤 납작 엎드려 피하라는 신호를 줄지 궁금해하며 곁눈질로 그를 계속 지켜보았다. 그는 경험이 풍부했고 나는 초짜 후임일 뿐이었다. 그렇다고 꽁무니를 빼고 싶진 않았다.

포격이 다가올수록 두려움은 커져만 갔다. 저 폭탄 중 하나가 우리 주변에 떨어지기라도 한다면… 여기 쌓여 있는 폭탄 무더기가 큰 구덩이를 하나 만들어낼 것이었다.

함께 있던 병사는 포격에는 아랑곳하지 않고 앉아만 있었다. 나는 납작 엎드리고 싶어 미칠 지경이었지만 겁쟁이처럼 보이긴 싫었다. 결국 우리 맞은편에서 포탄이 터졌다. 빗맞은 것이었다!

이틀 후, 그 병사가 왜 그렇게 덤덤하게 대처했는지 알게 되었다. 우리는 지뢰밭으로 알려진 숲을 걷고 있었다. 나는 부비트랩이 있을까 봐 조심스레 숲길을 살폈지만, 그 병사는 어디를 향해 걷는지 전혀 신경 쓰지 않고 있었다. 참다못해 내가 이렇게 말했다.

"지뢰가 있는지 왜 살피지 않죠?"

"지뢰나 하나 밟았으면 좋겠네."

그가 말했다.

"이 끔찍한 난장판에 질렸어. 그냥 죽어버렸으면 좋겠다고!"

그날 이후로 나는 가능한 그 병사와 최대한 거리를 두게 되었다.

82공수사단과 함께한 전투는 내게 엄청난 흥분을 안겨주었다. 하지만 몇 번의 추잡한 경험은 분노로 가득 찬 내 마음에 더욱 가혹한 인상을 남겼다.

아이젠하워 장군의 경비병

전쟁 막바지에 나는 508공수부대와 함께 독일 프랑크푸르트로 이동했고 거기서 육군 원수 드와이트 D. 아이젠하워 장군의 경비병으로 선발되었다. 내 인생에 자랑스러운 순간이었다. 나, 멀린 캐러더스가 오성 장군의 개인 경비병이라니! 마침내 '학교 킹카'가 된 듯한 기분이었다.

더 많은 전투를 보는 것도 좋았겠지만 전리품도 그리 나쁘지는 않았다. 우리는 독일 고위 관리들 소유였던 고급 아파트에 살았다. 그 아파트에 살던 사람들은 피난 5분 전에야 경고를 받은 것이 분명했다. 우리는 가족사진이 든 사진첩과 무기들, 보석도 발견했다. 비번일 때면 나는 '보물찾기'를 하며 시간을 보냈다.

임무 수행은 언제나 즐거웠다. 어느 저녁, 나는 아이젠하워 장군의 본부 건물로 들어가는 입구에서 근무하게 되었다. 그날은 뭔가 특별한 일이 벌어지고 있었다. 당직 장교가 말했다.

"캐러더스 일병, 오늘 밤은 중요한 밤이 될 거야. 이따가 자세히 말해주겠네."

잠시 후 당직 장교가 돌아와 이렇게 말했다.

"캐러더스, 육군 여군 사령관님이 여군들을 위해 다음 주에 무도회를 개최하시는데 낙하산부대원들은 초대하지 않으셨네. 우리 사령관님이 전화로 이유를 물으시니 여군 사령관님이 대답하길, '너무 많은 보수를 받는 살인자들'이 무도회에 오는 게 싫다고 하셨다는군.

규칙에 따르면 배정된 모든 여성 부대원은 밤 9시 이전에 이 출입구를 통과해야 하지. 그러니 밤 9시 이후에는 내가 직접 에스코트하지 않는 한 육군 여군은 그 누구도 이 출입구를 통과할 수 없네. 눈치 볼 필요 없어. 자네가 그런 사람인 줄 알고 자넬 여기 세운 거야!"

9시가 조금 지나서 육군 하사가 모는 지프 한 대가 출입구에 멈춰 섰다. 육군 여군 사병 하나가 하사 옆에 앉아 있었다. 내가 말했다.

"육군 여군은 차에서 내려 출입구 옆에 서십시오."

"여군은… 뭐라고?"

하사가 폭발하듯 화를 냈다.

"제 말씀을 들으셨을 텐데요."

"왜 그러는 건가?"

"이유는 없습니다. 여군은 당장 지프에서 내려 제 옆에 서십시오."

하사에게 이런 식으로 말해본 적이 없었다. 그가 만약 공수부대원이었다면 아마 엄두도 내지 못할 일이었다.

하사는 수십 차례 욕설을 내뱉더니 차를 돌려 떠났다. 출입구에 배치된 경비병으로서 내가 모든 권한을 가졌다는 것을 그도 알았을 것이다.

9시부터 9시 45분까지 육군 여군 스무 명이 도착했다. 전날 밤까지만 해도 여군들은 언제든 원할 때면 들어올 수 있었지만, 오늘 밤은 달랐다. 나는 태풍 한가운데 있었다. 그들은 화를 냈다. 미친 듯이. 내가 그런 욕설을 듣다니!

10시 45분에는 대령이 모는 참모 차량이 멈춰 섰다. 입대한 이래로 대령님과 말을 섞어본 적이 없었다. 나는 해야 할 말을 대령에게 정중하게 전달했다.

"함께 계신 육군 여군 장교는 제 옆에 있는 다른 여군들에게로 오십시오."

"귀관은 내 앞에서 비켜! 이분은 차에서 내리지 않을 거야."

"아니요, 대령님. 내리셔야 합니다."

"이봐, 내가 직접 명령을 내린다. 비켜서라. 우리는 지나가겠다."

'직접 명령'(Direct Order)이란 장교가 사병에게 사용할 수 있는 가장 강력한 언어다. 하지만 장교는 엉뚱한 사병에게 허세를 부리고 있었다.

나는 진정한 카우보이 스타일로 권총집에서 45구경 자동권총을 뽑아 들고 공이치기를 잡아당기며 말했다.

"장교님, 차에서 내려 이쪽으로 오십시오. 대령님은 차를 돌려 당장 떠나십시오!"

대령은 그렇게 했다.

밤 11시에 당직 장교가 지프를 타고 도착했다. 당직 장교는 가장 낮은 계급의 여군에게 지프에 타라고 하고는 이렇게 말했다.

"여러분, 여러분 모두를 모시러 다시 오겠습니다. 한 번에 한 분씩."

다음 날 육군 여군 사령관은 우리 사령관에게 전화를 걸어 공수부대의 모든 낙하산부대원을 무도회에 초대했다.

나는 여전히 흥밋거리를 찾고 있었는데, 한번은 기대 이상으로 재미있을 뻔한 적도 있었다. 낙하산 강하를 위해 비행기를 탔을 때였다. 일상적인 훈련이 될 예정이었지만, 영화배우 마를린 디트리히(Marlene Dietrich)가 지상에서 낙하를 지켜볼 것이라는 이야기가 들려왔다. 우리는 모두 마를린 디트리히 주변에 착지하기를 바랐다.

나는 비행기에서 뛰어내리기 무섭게 '각선미가 뛰어난 여배우'를 찾아 아래를 훑어보기 시작했다. 그러다가 갑자기 무언가 잘못된 것을 깨달았다. 공중에 있는 내 주변에서 끔찍한 비명 소리가 들렸고, 비행기 엔진이 굉음을 내며 갑자기 내 머리 바로 위에서 터지는 것 같았다.

부대원 수백 명이 공중에 떠 있었고 비행기는 동력을 잃은 채 우리 사이를 뚫고 추락하고 있었다. 낙하산이 끊어져 대원들이 땅바닥으로 내동댕이쳐지고 있었다. 그들은 디트리히 양이 서 있던 곳 주변으로 추락했다. 나의 낙하산은 멀쩡했다. 내가 지상에 다다랐을 때는 사방에 시체들이 널려 있었고 비행기는 불길 속에서 폭발하고 있었다.

부자가 되었다, 불법으로

프랑크푸르트에서는 자유 시간이 많았다. 내가 생각하는 즐거운 시간이란 대개 상당량의 음주를 포함했다. 인사불성이 되도록 술을 마시고 나면 전날 밤 시내에서 무슨 장난을 쳤는지 다른 병사들이 말해주곤 했다.

한번은 독일 전차 바닥에 몸을 쭉 펴고 누워 아무도 나를 넘어갈 수 없게 했다. 다른 병사들은 큰소리로 웃으며 그 모든 일이 엄청나게 재미있다고 여겼다. 나는 그런 내 행동이 독일 점령 미군 이미지에 분명 도움이 되지 않는다는 생각은 전혀 하지 못했다.

나는 암거래가 도박보다 더 빠르고 믿을 만한 수입 원천임을 알게 되었다. 나는 한 보루에 10달러씩 주고 다른 병사들에게서 담배를 사들였다. 담배가 가득 든 여행 가방을 들고 시내 암시장으로 가서 보루당 100달러씩 받고 팔 수 있었다. 암시장은 강도와 폭행, 살인이 빈번하게 일어나는 장소였지만 개의치 않았다. 주머니에 넣은 한 손엔 장전된 '45구경' 권총을 꼭 쥐고 있었다.

오래 지나지 않아 내 여행 가방은 군표로 알려진 10달러짜리 군용 화폐로 가득 찼다. 한 가지 문제가 있다면 그 돈을 미국으로 가져갈 방법을 찾는 것이었다. 각 병사는 군대에서 받는 액수만큼만 본국으로 송금할 수 있도록 엄격하게 통제되었다. 나는 그 통제를 빠져나갈 방법을 찾느라 밤잠을 설쳤다.

우체국에서 월급을 우편환으로 바꾸기 위해 줄지어 서 있는 병사들을 지켜보았다. 각 병사는 본인이 지급받은 실제 금액이 쭉 적힌 자금 카드(finance card)를 가지고 있어야 한다. 나는 한 뭉치의 자금 카드와 돈이 가득 든 가방, 무장 경비를 대동한 한 남자를 관찰했다. 그는 중대의 직원으로 전체 중대를 대신해 우편환을 받고 있었다. 그때 문득, 나에게 필요한 것은 한 뭉치의 자금 카드라는 것을 깨달았다!

나는 부대의 재무 직원을 찾아냈고, 이내 그가 장당 5달러에 자금 카드를 나에게 제공할 의향이 있음을 파악했다. 나는 사업을 시작했다.

나는 내 개인 중대의 직원으로 행세했다. 돈과 자금 카드를 들고 우체국으로 가서 거침없이 우편환을 발행했다!

이런 식으로 군용 화폐를 모으는 새로운 방법을 찾은 나는 베를린에서 오는 병사들이 100달러짜리 우편환에 군표 1천 달러를 준다는 것을 알게 되었다. 나는 기꺼이 동의하고 그 900달러를 내 몫의 우편환으로 바꾸었다. 이제 나는 머지않아 엄청난 부자가 될 것이었다!

육군은 일부 병사를 유럽 전역에 있는 대학에 진학시키기로 했다고 발표했다. 나는 시험을 치르고 합격하여 영국에 있는 브리스톨대학으로 보내졌다. 수업을 듣는 것은 영어를 할 줄 아는 여학생들이 주변에 있다는 사실에 비하면 전혀 중요하지 않았다.

하지만 나는 나의 미래라고 믿었던 것을 향해 분명 발걸음을 떼고 있었다. 영국법 수업과 상법 수업을 들었다. 나는 법체계가 어떻게 작동하는지 알고 싶었다. 그래야 그것을 빠져나갈 수 있을 테니까.

자유가 코앞에

대학 과정을 마치자, 나는 다시 독일로 보내졌다. 그곳에선 흥미로운 소식이 기다리고 있었다. 미국으로 복귀할 시간이 도래한 것이다! 나는 여행 가방 가득 100달러짜리 우편환을 담고 눈부시게 아름다운 고향의 해안가를 향해 출발했다.

뉴저지주 포트 딕스에서는 우리 모두를 예비군에 지원시키려 애쓰고 있었다. 하사가 이런 말로 홍보를 했다.

"예비군에 지원할 사람은 모두 앞으로 나와서 여기에 서명해라. 그러면 귀가를 허락하겠다. 지금 지원하지 않으면, 여기 남아서 귀관들이 지원해야만 하는 이유에 대한 설명을 한 시간 동안 들어야 할 것이다."

군대에 한 시간 더 머물러야 한다고? 말도 안 된다고 생각한 나는 앞으로 나가 종이에 서명했다. 그 찰나의 순간에 내린 결정이 내 남은 인생에 영향을 미쳤다.

그토록 오랫동안 갈망하던, '이제 당신은 민간인'이라고 쓰인 종이를 받아들었다. 자유다! 다시는 부대 안을 보고 싶지 않았다. 나에게는 돈이 엄청 많았고 눈앞에는 장밋빛 미래가 펼쳐진 듯 보였다.

여행 가방 가득 담긴 우편환을 빳빳한 달러 지폐로 교환하는 데는 하나의 문제가 있었다. 고향인 펜실베이니아주 엘우드시티에 있는 우체국에 가서 돈뭉치를 몽땅 창구에 쏟아놓을

순 없었다. 결국 한 가지 방법을 생각해냈다. 나는 우편환을 한 장씩 뉴욕에 있는 우체국으로 보내기 시작했고, 곧 돈이 조금씩 들어오기 시작했다.

지금껏 경찰들과 엮였던 경험을 통해 나는 가능한 법의 모든 허점을 활용하여 안전하게 움직일 수 있는 직업에 종사하는 것이 좋겠다고 깨달았다. 나는 언제나 변호사가 되고 싶었기 때문에 펜실베이니아주 피츠버그에 있는 로스쿨 입학에 필요한 절차를 밟기 시작했다.

눈코 뜰 새 없이 바빴지만,
나는 예수 그리스도를 위해
충분히 열심히 일하지 못한다고 생각했다.
예수님이 내 삶을 구원하셨으므로
내가 할 수 있는 최소한의 일은
그분께 나의 시간을 드리는 것이었다.

02
드디어 자유

Set Free!

Prison to Praise

할머니는 다정한 분이셨고, 나는 할아버지 생각을 많이 했지만, 두 분을 찾아뵙는 것은 할 수만 있다면 여전히 피하고 싶은 괴로운 일이었다. 두 분은 나를 긴장시켰다. 할머니는 언제나 하나님에 대해 이야기할 기회만 노리셨다.

"전 괜찮아요. 제 걱정은 마세요."

내가 입버릇처럼 말했지만, 할머니는 막무가내셨다.

"멀린, 네 인생을 그리스도께 드려야 한다."

할머니의 말씀은 받아들이기 어려울 정도로 신경이 쓰였다. 할머니의 감정을 상하게 하고 싶지는 않았지만, 내겐 그런 신앙 따위에 쓸 시간이 없었다. 내 인생은 이제 막 시작되었단 말이다!

독일에서 돌아온 지 얼마 안 된 어느 주일 저녁, 할머니와 할아버지를 뵈러 간 나는 내가 실수했음을 바로 깨달았다. 두 분은 교회에 갈 준비를 하고 계셨다.

"멀린, 우리랑 같이 가자."

할머니가 말씀하셨다.

"오랜만에 왔으니 네가 함께 가주면 좋겠구나."

나는 의자에 앉아 불편함에 몸을 꼼지락댔다. 어떻게 하면 이 난관에서 눈치껏 벗어날 수 있을까?

"저도 그러고 싶어요."

한참 만에 내가 입을 뗐다.

"그런데 친구 녀석들이 이미 저를 데리러 오겠다고 해서요."

할머니는 실망하신 듯 보였지만, 나는 얼른 전화기로 다가가 누구든 아는 사람에게 전화를 걸기 시작했다. 하지만 안타깝게도 나를 데리러 올 여유가 있는 친구를 찾지 못했다.

교회에 갈 시간은 점점 다가오는데 조부모님께 "그냥 가기 싫어요"라고 말할 수는 없었다.

나가야 할 시간이 되자 더는 선택의 여지가 없었다. 우리는 함께 출발했다.

말도 안 되는 일이 벌어졌다

예배는 헛간에서 진행되었는데 그곳에 모인 모두가 행복해 보였다. 이런 생각이 들었다.

'불쌍한 사람들. 이 사람들은 넓은 세상의 현실이라곤 전혀 모르잖아. 안다면 헛간에서 하룻저녁을 낭비하진 않을 텐데.'

노래가 시작되자 나는 가사를 보려고 찬송가를 집어 들었다. 최소한 예배를 드리는 것처럼은 보여야 하니까 말이다.

그런데 갑자기 내 귀에 아주 굵직한 목소리가 꽂혔다.

"뭐, 뭐라고요?"

나는 몸을 돌려 뒤돌아보았지만 아무도 없었다.

또다시 목소리가 들렸다.

"오늘 밤 너는 나를 위해 결단해야 한다. 그렇지 않으면 너무 늦을 것이다."

나는 고개를 저으며 나도 모르게 이렇게 말했다.

"왜죠?"

"그냥 그렇게 될 것이다."

내가 정신이 나갔나? 하지만 그 목소리는 진짜였다. 그분은 하나님이었고 나를 알고 계셨다! 눈 깜짝하는 사이에 갑자기 깨달음이 왔다. 이전에는 왜 알지 못했을까? 하나님은 실재하셨다. 그분이 해답이었고, 그분 안에 내가 찾던 모든 것이 있었다.

"네, 하나님."

나는 말을 더듬고 있었다.

"하나님이 무엇을 원하시든지 제가 하겠습니다."

예배가 계속되었지만 나는 다른 세계에 있었다. 말도 안 되는 일이었지만 내가 하나님을 알게 되었다!

할아버지는 내 곁에서 깊은 생각에 잠겨 계셨다. 그땐 몰랐지만 나중에 할아버지가 말씀해주셨다. 할아버지는 할아버지 나름대로 하나님과 씨름하고 계셨다.

오랜 세월 할아버지는 담배를 피우고 씹으셨다. 40여 년간 할아버지는 담배 중독에 푹 빠져 계셨다. 여러 차례 끊으려 애쓰셨지만, 극심한 두통이 찾아와 이내 전보다 더 많은 담배를 다시 피우고 씹게 되었다.

할아버지는 예배 시간에 내 옆자리에 앉아 스스로 이런 다짐을 하셨다고 한다.

"하나님, 멀린을 변화시켜만 주신다면 제가 죽는 한이 있더라도 담배를 끊겠습니다."

예배 말미에 내가 앞으로 나가 찬송 시간에 했던 결심을 공개적으로 고백했을 때 할아버지가 놀라 자빠질 뻔하신 것도 당연했다!

수년 후, 나는 할아버지의 머리맡에서 임종을 지켰다. 할아버지는 나를 올려다보고 미소 지으며 이렇게 말씀하셨다.

"멀린, 나는 하나님과 한 약속을 지켰다."

새로운 존재가 되다

그 주일 밤, 나는 얼른 집으로 돌아가 성경을 읽고 싶어 견딜 수가 없었다. 하나님을 알고 싶었던 나는 허기진 듯 연거푸 책장을 넘기며 성경을 읽었다. 내 안에 흥미롭고 경이로운 느낌이 들었다. 낙하산을 메고 비행기에서 뛰어내리는 것보다 훨씬 멋졌다.

그날 밤 하나님은 내 안에 손을 뻗으셔서 나를 새로운 존재로 변화시키셨다. 내가 상상해보지도 못했던 흥미로운 모험의 문턱에 서 있는 것 같았다. 아브라함과 이삭과 야곱의 하나님은 여전히 살아 계셨다. 홍해를 가르시고, 불붙은 떨기나무 사이에서 말씀하시며, 아들을 보내어 십자가에 죽게 하신 하나님, 그 하나님이 나의 아버지이기도 하셨다!

갑자기 내 육신의 아버지가 하시려던 말씀이 무엇인지 깨달을 수 있었다. 아버지는 서른여섯 살에 난생처음 앓아누우셨고 사흘 뒤 아버지의 심장이 멎었다. 의사가 와서 주사를 놓자 아버지의 심장이 다시 뛰기 시작했다. 아버지는 눈을 뜨고 이렇게 말씀하셨다.

"의사 선생님, 그러실 필요 없습니다. 저는 이제 죽습니다."

아버지는 자리에서 몸을 일으키고 얼굴에 환한 빛을 띤 채 방 안을 둘러보셨다.

"보세요! 저를 데리러 왔네요!"

아버지는 그렇게 말씀하고 다시 누우시더니 돌아가셨다.

아버지는 예수 그리스도를 친구이자 구세주로 믿으셨고 떠날 준비를 하고 계셨다.

그 돈을 돌려주어야 해!

이제 나도 준비가 된 것 같은데…, 그 생각을 스스로 되뇌는 동안에도 마음 한구석엔 나를 갉아먹는 듯한 불안함이 느껴졌다. 뭐가 잘못되었을까? 하나님, 보여주십시오!

차츰 그 생각이 분명해졌다. 돈이었다! 그 돈 말이다. 그 돈은 내 것이 아니다. 되돌려주어야 한다!

마음을 정하고 나서 안도의 한숨을 내쉬었다. 나는 한시라도 빨리 그 돈을 처분하고 싶었다. 마치 몸속에 병이 있는 것 같았고 돈이 다 없어질 때까지는 그 느낌도 그대로일 것 같았다.

우체국에 이야기해보았지만, 내가 우편환을 훔친 것이 아니기 때문에 자기들이 알 바가 아니라고 했다. 그래서 나는 내 마음대로 우편환을 처리하면 됐다.

아직 환전하지 못한 우편환 한 뭉치가 있었다. 나는 우편환이 든 여행 가방을 욕실로 가져가서 100달러짜리 우편환 다발을 변기에 넣고 물을 내렸다. 물을 내릴 때마다 마음속에 기쁨이 넘쳐흐르는 기분이 들었다.

그렇게 했어도, 이미 환전한 돈이 아직 남아 있었다. 나는 미국 재무부에 편지를 보내 그 돈을 어떻게 벌었는지 알렸다. 그들은 답장을 보내 내가 그 돈과 우편환을 취득한 증거가 있느냐고 물었다. 이미 늦었다. 그 증거는 하수구로 떠내려가 버렸다! 내가 그 돈 말고는 증거가 없다고 하자, 자신들이 할 수 있는 일은 그 돈을 양심 기금(Conscience Fund)으로 받는 것뿐이라고 했다.

나는 또다시 가난해졌지만, 새로운 삶과 내 안에 있는 기쁨을 위해 내가 가진 모든 것을 기꺼이 내줄 수 있었다.

더 놀라운 모험이 시작되다

과거의 어두운 그림자가 또 하나 다가오고 있었다. 나는 피츠버그로 돌아가 지역 검사에게 보고했다. 나에게는 3년 형이 남아 있었는데 이제 그 기간을 가석방 상태로 지내야 했다. 다시 말해, 가석방 담당관에게 정기적으로 보고하고 감독을 받으면 된다는 뜻이다.

지방 검사는 나를 접견하고 직원에게 나의 기록을 가져오라고 했다. 그는 서류를 훑어보고는 놀란 것 같았다.

"자네가 뭘 받았는지 알고 있나?"

최근에 그리스도를 받아들이긴 했지만, 그게 내 기록에 벌써 올라가지는 않았을 터였다.

"모르겠습니다, 검사님."

"자네는 트루먼 대통령이 재가한 대통령 사면을 받았어!"

"뭐라고요?"

"자네 기록이 완벽히 깨끗하다는 뜻일세. 법에 걸려든 적이 한 번도 없는 것처럼 말이야."

나는 기뻐서 소리라도 지르고 싶었다.

"제가 왜 사면을 받았을까요?"

지방 검사는 빙그레 웃었다.

"자네의 훌륭한 전투 기록과 관련이 있지."

그는 사건이 종결되었으니 자유롭게 가서 하고 싶은 일을 하라고 말했다.

"자네가 만약 공무원에 지원하더라도 자격이 충분하네."

"주님, 감사합니다."

나는 어쩔 줄을 몰랐다. 갈보리 언덕에서 내 죄가 사라지고 사건이 종결되었을 뿐만 아니라, 미국 정부가 보기에도 깨끗한 출발을 하나님이 주셨기 때문이다. 내가 다시 국가를 위해 일할 자리를 찾아보게 될 줄은 꿈에도 생각하지 못했다!

그런데 무엇을 해야 할까? 변호사가 되고자 했던 나의 동기에는 의문의 여지가 있었다. 하나님은 내가 그런 직업에 종사하기를 원하지 않으심이 분명해 보였다. 이내 한 가지 생각이 끈질기게 지속되었다. '나는 목회자가 될 운명이야!' 내가 강단에 선다고? 가당치도 않은 소리 같았다.

"주님, 저를 아시잖아요."

나는 반박했다.

"저는 흥밋거리와 모험, 심지어 위험을 좋아한다고요. 저는 훌륭한 설교자가 될 수 없습니다."

하나님은 나를 위한 계획을 모두 세워두신 것 같았다. 나는 밤잠을 이룰 수 없었고, 더 많이 생각하며 기도할수록 모든 생각이 점점 더 흥미로워져만 갔다. 감옥을 들락거리던 범죄자, 낙하산부대원, 도박꾼, 암거래상이었던 사람을 하나님이 설교자로 만드실 수 있다면, 그것은 이전에 내가 시도했던 그 무엇보다도 더 놀라운 미지로의 모험이 될 것이었다.

나는 마리온 대학에 입학했다. 인디애나주 마리온에 있는, 교회와 연관된 학교였다. 교내에서 가장 신이 난 학생이 바로 나였을 것이다.

제대군인 원호법(GI Bill: 참전 용사에게 교육, 주택, 보험, 의료 등 광범위한 혜택을 제공한 프로그램 - 역주)에서 받은 수입을 보충하기 위해 나는 하루 여섯 시간씩 주조공장에서 일했다. 최대한 빨리 학교를 졸업하고 싶었던 나는 학기당 최대 17시간이 아닌 21시간을 수강할 수 있도록 특별 허가를 받았다.

오후 두 시부터 여덟 시까지 일하고, 자정까지 공부한 뒤, 새벽 네 시까지 잠을 자고 일어나 등교 시간인 아침 여덟 시까지 공부했다.

어느 주일, 인근 교도소에서 처음으로 설교할 기회를 얻었다. 나는 쇠창살을 붙들고 수감자들에게 그들의 삶을 그리스도에게 드리라고 간청했다. 매주 수감자들이 반대편에서 쇠창살을 붙든 채 무릎을 꿇고 그리스도를 향한 믿음으로 나아가며 울었다.

나는 구름 위에 붕 뜬 기분으로 학교로 돌아왔다.

토요일 밤은 자유였기 때문에 나는 한 무리의 학생들과 함께 마리온 시내 중심에 있는 법원 건물 계단에서 야외 예배를 드렸다. 기쁘게도 사람들이 나서서 그리스도를 영접했다. 예배를 마친 후, 우리는 거리를 다니며 귀를 기울이는 모든 이들에게 예수님을 그들 삶에 받아들일 것을 설득했다.

눈코 뜰 새 없이 바빴지만, 나는 예수 그리스도를 위해 충분히 열심히 일하지 못한다고 생각했다. 예수님이 내 삶을 구원하셨으므로 내가 할 수 있는 최소한의 일은 그분께 나의 시간을 드리는 것이었다.

4년 대학 과정을 2년 반 만에 마치고 켄터키주 윌모어에 있는 애즈버리신학교(Asbury Seminary)에 입학했다. 하나님은 내가 네 군데 교회의 감리교 구역회에서 학생부 목사로 섬기게 하셨다.

매주 그 교회들을 섬기기 위해 왕복 300킬로미터가 넘는 거리를 운전했고, 그 대가로 각 교회에서 주급 5달러를 받았기에 주말마다 풍족하게 먹을 수 있었다.

할 수 있는 대로 빽빽하게 일정을 짜 넣은 결과, 3년 과정의 신학대학을 2년 만에 마쳤다. 마침내 나는 목표에 도달했다. 목사가 되었다!

나는 아주 오랜 시간을 아주 열심히 일했기 때문에 어떻게 멈추어야 할지 잘 몰랐다. 하지만 한 가지는 분명했다. 이것이야말로 하나님이 나를 부르신 일이라는 것이다.

나는 첫 전임 사역지인 인디애나주 클레이풀의 감리교회로 발령을 받았다. 나는 내가 끌어모을 수 있는 최대한의 열정으로 온몸을 던져 일했고 구역회에 속한 세 교회는 조금씩 성장하기 시작했다. 헌금이 늘어났고 성도 수가 증가했으며 나의 급여도 올라갔다.

점점 더 많은 젊은이가 그리스도를 영접했고, 성도들은 나를 포용하고 사랑하며 젊은 교역자의 실수를 용납해주었다.

다시, 군대

그런데 여전히 내 안에는 초조함이 커져가고 있었다. 공허함과 허무, 권태에 가까운 무언가가 있었다. 갈수록 나의 생각은 육군 군종장교에 끌렸다. 나는 군인들이 어떤 생각을 하고 어떤 유혹을 느끼는지 잘 알았다. 하나님은 내가 군인들을 섬기기를 원하시는 것일까? 이 문제를 놓고 하나님께 기도했다.

"주님, 제가 가기를 원하신다면 가고, 여기 남기를 원하신다면 남겠습니다."

군대를 향한 이끌림은 조금씩 더 강해졌다. 1953년 나는 군종장교에 지원해서 합격했다. 대통령 사면을 받지 못했다면 있을 수 없는 일이었다. 하나님은 이미 아시고 이 특별한 방법으로 나를 축복하셨다.

군목학교에서 3개월을 보낸 후에 켄터키주 포트 캠벨로 보내져 공수부대에 합류했다.

기회가 생기자마자 비행기에 탑승한 나는 익숙한 소리를 들었다.

"준비… 일어서… 연결… 문 앞에 서… 낙하!"

나는 거칠게 불어오는 바람과 낙하산이 펴지는 충격을 느꼈다. 그 느낌은 여전히 10톤짜리 트럭이 나를 치는 것 같았다. 내가 있어야 할 곳으로 돌아왔다!

사람들은 우리를 보고
우리가 그리스도를 닮았다고 할 수도 있지만,
그것은 우리가 더 합당하거나 거룩하거나
영적이거나 순결해졌기 때문이 아니다.
그분이 우리 안에 살고 계시기 때문이다.

03
능력을 향한 위험한 탐색

The Search

Prison to Praise

군종장교는 흥미로웠고 내가 찾아 헤매던 자극이었다. 부대원들이 가는 곳이라면 하늘이건, 지상이건, 산을 오르건, 행군하건, 체력 훈련을 하건, 나도 함께했다. 임시 숙소, 사무실, 전장, 아니면 식당, 그 어디서건 나는 부대원들에게 하나님이 그들을 위해 어떤 일을 하기 원하시는지 말할 기회를 얻었다.

나에게는 신체적으로 힘든 모든 순간이 즐거움이었다. 파나마에서 정글 전문가 훈련을 받았을 때 우리는 모두 정글에서 정글 열매를 먹으며 살았다. 찌는 듯한 무더위로 급격한 인명피해가 발생했고 몇몇 대원들은 들것에 실려 갔다. 나는 진흙 웅덩이에 눕는 것이 얼마나 편한지 알게 되었다!

포트 캠벨에서 나는 언제나 바라왔던 조종사가 될 기회를 얻었다. 나는 동료와 함께 낡은 비행기를 한 대 샀다. 껌과 고

무줄로 얼기설기 붙여 놓은 듯 보이는 그 비행기에는 무선 장비가 없어서 시력이나 본능에 의존해 비행해야 했다. 한번은 항로를 완전히 이탈한 적이 있었는데 갑자기 군용기 두 대가 나를 호위하기도 했다. 그들은 나에게 착륙하라고 몸짓했는데, 알고 보니 내가 켄터키주 포트 녹스 상공을 비행하고 있었다. 화가 난 보안 경찰은 내게 격추당하지 않은 것을 다행으로 여기라고 말했다.

우리 비행은 나의 파트너가 옥수수밭에 불시착하면서 갑작스레 끝이 났다.

뭔가 부족했다…!

노스캐롤라이나주 포트 브랙에 주둔하는 동안 나는 82공수사단과 함께 도미니카공화국으로 갔다. 소규모 치안 활동이었지만, 낙하산부대원 서른아홉 명이 희생되었다.

포트 브랙으로 귀환한 뒤에도 낙하를 계속한 결과, 마침내 육군 최고 낙하산부대원상을 수상했다.

겉으로 보기엔 다 괜찮았다. 나의 삶은 풍족했고 흥미로웠으며 나는 하나님의 일을 하고 있었다. 어쩌면 그게 문제의 일부였을 것이다. 나는 하나님의 일을 하고 있었다. 인정하고 싶지 않았지만, 부대원들에게 그들을 향한 하나님의 사랑에 대해 이야기할 때면 나는 종종 신경이 곤두서곤 했다. 그들을 회심시키는 것이 나의 일이었기에 나는 악착같이 노력했다.

내가 간절히 바라는 완벽함에 난 한참 모자란다는 것을 나는 항상 자각하고 있었다. 왜인지는 모르지만, 그 완벽함은 언제나 지평선 저 너머에 있었다.

어릴 때 어머니와 할머니가 인생에서 순결과 경건의 필요성에 관해 이야기하시는 것을 듣곤 했다. 두 분은 웨슬리교파이자 자유 감리교도셨는데, 그리스도인들의 삶 가운데 역사하시는 성령님에 대해 말씀하셨다.

그게 무엇이건 간에, 나에겐 분명 그것이 부족했다. 나는 심오한 기도 생활에 관한 책들을 읽고, 전도 집회에 가서 하나님의 능력에 관해 전하는 다른 목사님들의 설교를 들었다.

나의 삶에는 그런 능력이 별로 없어 보였기에 나는 그 능력을 간절히 원했다. 나는 하나님께 쓰임 받기를 원했고, 나의 눈길이 닿는 곳 어디나 도움이 필요한 사람들이 있었다. 다만 나에겐 그들의 필요를 채워줄 능력이 없었다.

한 친구가 하나님의 능력에 마음을 여는 방법을 알려준다고 주장하는 동방 종교에 관한 책을 건네주었다. 나는 널빤지 위에 다리를 들고 누워 조용히 명상하는 법을 배웠다.

하나님의 성령이 내 안에서, 나를 통하여 역사하게 할 비책의 실마리를 찾기를 바라며 나는 초자연적 현상과 최면술, 심령술에 관한 책을 닥치는 대로 읽기 시작했다.

하나님이 눈을 고쳐주시다

이즈음 나는 한국에 갔는데, 그곳에서 안경이 깨지면서 유리 조각이 오른쪽 눈에 들어가는 사고를 당했고, 시력의 60퍼센트를 잃었다. 각막에 상처가 났고 의사는 시력이 돌아오지 않을 거라고 말했다.

아, 하나님의 능력은 어디에 있는 것일까? 그리스도는 이 땅에 오셔서 눈먼 자들을 고치셨다. 그리스도는 자신의 뒤를 따르는 자들이 그리스도가 하신 일보다 더 큰 일을 할 것이라고 말씀하셨다.

눈 수술을 받기 위해 서울에 두 번 다녀왔다. 결과는 좋지 않았다. 나는 기도했다. 구원의 하나님, 전능하신 창조주 하나님, 그리고 전장에서 죽음과 대면하는 군인들에게 내가 전하는 하나님을 치유의 능력이 없는 하나님으로 받아들일 수 없었다.

하지만 방법은 어디에 있는 것인가? 그 능력이 사람을 통해 어떻게 드러날 것인가? 나는 알아야만 했다.

의사를 만나기 위해 세 번째로 서울행 비행기에 올라 좌석에 앉았는데 갑자기 말로 설명하기 힘든 강한 느낌이 찾아왔다. 귀에 들리는 음성은 아니었지만 무언가 분명히 이런 말씀을 전달하고 있었다.

'네 두 눈은 무사할 것이다.'

하나님이 말씀하신 것임을 나는 알았다. 오래전 어느 주일 저녁 펜실베이니아의 헛간에서 분명히 내게 말씀하셨던 것처럼 하나님은 나에게 말씀하셨다.

서울의 의사는 고개를 저으며 말했다.

"죄송합니다, 목사님. 목사님 눈을 위해 저희가 할 수 있는 것이 더 이상 없습니다."

실망감을 느끼는 대신 나는 마냥 기뻐했다. 하나님이 말씀하셨고 나는 하나님을 신뢰했다.

몇 달 뒤, 의사에게 가서 눈을 검사해봐야겠다는 갑작스런 충동을 느꼈다. 검사를 마친 의사는 깜짝 놀란 듯했다.

"이해할 수가 없네요. 목사님 눈이 완전히 정상이에요."

의사가 말했다.

하나님이 하셨다!

전율을 느낀 나는 하나님의 능력과 접할 수 있는 모든 방법을 탐구하기로 그 어느 때보다도 확고히 결심했다.

위험한 탐색

1963년 미국으로 돌아온 나는 군종장교학교로 복귀해 6개월을 머문 뒤 1964년 노스캐롤라이나주 포트 브랙으로 발령받았다.

거기서 나는 새롭게 얻은 활력으로 최면술을 계속 연구했고, 아서 포드(Arthur Ford)가 이끄는 영적 선구자(Spiritual Frontiers) 운동에 참여했다.

내가 듣기로 많은 성직자가 이 운동에 관심을 가졌다고 한다. 아서 포드의 집에서 우리가 알고 있는 이성의 세계와는 완전히 구별되는 영적 세계가 작용하는 직접 증거를 목격한 나는 그에 매료되었다.

하지만 이것이 성경적인가? 마음 한구석은 끊임없는 의심으로 고통스러웠다. 의심의 여지 없이 영혼은 실재하지만, 성경은 하나님의 성령이 아닌 다른 영들에 대하여 말하고, 산당에 있는 악한 영에 관하여 말씀한다(에베소서 6장 참조). 성경은 이런 영들을 우리의 적, 사탄의 세력이라 부르면서, 적들에게 조종당하지 않으려면 모든 영을 시험해야 한다고 경고한다. 사탄은 성령의 역사를 기가 막히게 모방할 수 있다.

나는 내가 옴짝달싹하지 못할 지경에 빠지는 일은 없을 거라고 꽤 확신했다. 결국 그 영들, 그리고 내가 영적 선구자 운동을 통해 만난 사람들은 정말로 그리스도를 극찬했다. 그들은 분명 그리스도를 하나님의 아들이자 수많은 기적을 행하신 위대한 영적 지도자로 인정하였다.

그들이 설파한 우리의 최종 목적은 매사에 그리스도처럼 되는 것이었다. 왜냐하면 우리 또한 하나님의 아들들이기 때문이다.

나는 이런 주제에 정통한 사람들과 대화를 나누기 위해 먼 거리를 여행하고, 최면술에 관한 책을 공부했으며, 의사들과 이야기를 나누고, 심지어는 의회 도서관에 편지를 쓰기도 했다. 내가 인간으로서 다른 사람들을 도울 길이 바로 여기 있다고 생각했기 때문이다.

함정에 빠져들다

나는 내가 위험한 곳에 서 있다는 것을 알지 못했다. 미묘하게, 하지만 분명히 나는 예수 그리스도를 나와 많이 닮은 누군가로 바라보기 시작하고 있었다. 내가 열심히 노력한다면 따라잡을 수 있는 누군가 말이다.

나는 적의 능력을 한참이나 무시했다. 그때는 몰랐지만, 최면은 최면 대상을 사탄의 세계에서 비롯한 충동에 무방비 상태로 남겨둠으로써 영적으로 위험해질 가능성이 충분하다.

아, 물론 나 또한 사탄을 상상의 나라에서 온 뿔이 달린 사악한 존재라고 생각하는 함정에 빠져들고 있었다. 사탄은 분명 교양 넘치는 20세기 남자에게 위협이 될 순 없었다.

C. S. 루이스는 이런 말을 한 적이 있다. 사탄의 가장 교묘한 속임수는 자신이 존재하지 않는다고 세상을 설득한다는 것이다.

나의 믿음은 망가졌고 심각하게 약해졌지만 나는 아직 깨닫지 못했다. 그 변화를 알아채기는 어려웠다.

어쩌면 예수님을 선생이자 기적을 행하는 사람 정도로 이야기하며, 그분이 우리를 위하여 십자가에서 죽으셨다는 것과 그분의 피가 우리를 죄에서 깨끗하게 하였다는 것을 인정하지 못하는 나 자신을 깨달았을 때, 그 아슬아슬한 경계를 넘었는지도 모른다.

사탄은 심지어 예수님의 시대에도 성경 말씀을 인용했다. 사탄은 지금도 그렇게 하고 있고, 우리가 성경 말씀을 인용하는 것도 전혀 개의치 않는다.

다만 그는 우리가 십자가와 그 피와 부활하신 예수님을 망각하는 모습을 보기 원한다.

그리스도인의 비밀은 예수 그리스도

바울은 골로새서 1장 27절에서 그리스도인들의 삶의 비밀에 관해 이야기한다. 그 비밀은 우리 안에 계신 그리스도다. 우리가 그분처럼 되는 것이 아니라 그분이 우리 안에서 사셔서 안에서부터 우리를 변화시키시는 것이다.

사람들은 우리를 보고 우리가 그리스도를 닮았다고 할 수도 있지만, 그것은 우리가 더 합당하거나 거룩하거나 영적이거나 순결해졌기 때문이 아니다. 그분이 우리 안에 살고 계시기 때문이다. 그것이 바로 그 비밀이다.

소위 '기독교 강신론자 운동'(Christian Spiritualist Movement)이나 '영적 선구자 운동'(Spiritual Frontiers Movement)이라 불리는 것들이 주는 교묘한 위험은 사람들이 자기 자신을 위하여 그리스도를 모방하고, 영적 능력을 도용하도록 이끌어서, 하나님처럼 되고자 했던 타락한 천사, 사탄의 원죄를 저지르게 되는 것이다.

구세주 그리스도 없이, 십자가 없이는 구원 계획이 있을 수 없고, 죄를 용서받는 것도 불가능하다. 사실 복음도 없을 것이다.

나는 함정에 빠져들고 있었다. 나의 동기는 순수했다. 솔직하게 나는 다른 사람들이 자신의 문제와 몸과 마음의 아픔을 극복하는 것을 도울 수 있는 능력을 원했다.

잘못된 나의 방법을 볼 수 있도록 내 눈을 열기 위해 하나님이 움직이셨다.

예수님은 제자들을
성령으로 충만케 하셨는데
성령의 주된 목적은
예수 그리스도를 증언하는 것이기 때문이다!

04
가장 경이로운 사건, 성령 충만

Be Filled

Prison to Praise

 포트 브랙 근처에서 매주 열렸던 기도 소모임에 한동안 참석했다. 어느 날 저녁, 모임의 일원이었던 루스는 기도회에서 눈에 띄게 감동하였다. 나는 몇 차례의 모임 동안 그녀를 지켜보면서 어떻게 그런 확실한 삶의 기쁨을 경험하게 되었는지 물어보고 싶다고 생각하곤 했다. 나머지 몇몇과 달리 그녀는 내가 살면서 거의 느껴보지 못했음이 분명한 기쁨을 끊임없이 공급받는 것처럼 보였다.
 그날 저녁, 루스는 나에게 이렇게 털어놓았다.
 "제가 큰 복을 받아서 큰 소리로 방언 기도를 할 뻔했어요!"
 "뭘 할 뻔했다고요?"
 나는 무서웠다.
 "방언 기도요."
 루스가 밝은 목소리로 대답했다.

나는 목소리를 낮추고 혹시라도 누가 보고 있지는 않은지 주위를 둘러보았다.

"루스, 당신이 이 모임을 망칠 수도 있었어요! 왜 그랬던 거예요?"

루스는 한바탕 웃어 젖혔다.

"성령으로 세례를 받고 난 뒤로 방언으로 기도하고 있어요."

"그게 뭔데요?"

난생처음 들어보는 말이었다.

루스는 그것이 오순절에 제자들이 경험한 것과 똑같은 경험이라고 차분히 설명했다.

"저만의 오순절을 경험했다고요."

루스는 확신에 가득 찬 얼굴빛으로 미소를 지었다.

"당신이 침례교 신자인 줄 알았는데요."

나는 충격을 받았다.

"맞아요. 하지만 하나님은 모든 교파를 초월해 움직이시니까요."

나는 주정주의(emotionalism: 이성이나 지성보다 감정이나 정서를 중시하는 경향 - 역주)의 물결이 교회를 침범하여 성도들이 유행에 휩쓸려 그리스도에 대한 믿음을 잃는다는 소문을 들은 적이 있었다.

'성령에 취한'(그것이 무슨 의미든 간에) 오순절파 신도들이 방탕한 난교를 벌인다는 이야기를 들은 적도 있었다. 루스는 도움이 절실히 필요한 것 같았다.

나는 그의 팔에 손을 얹고 진지하게 말했다.

"조심해요, 루스. 당신은 지금 위험한 놀이를 하고 있어요. 당신을 위해 기도할 테니 도움이 필요하면 언제든 전화하세요."

루스는 미소를 지으며 내 손을 토닥였다.

"고마워요, 멀린. 염려해줘서 감사합니다."

사뭇 달랐던 예배

얼마 후 그가 전화를 했다.

"멀린, 캠프 파디스트 아웃(Camp Farthest Out)이라는 단체가 모어헤드 시티에서 수련회를 한대요. 당신도 우리와 함께 가요."

왠지 거리를 두는 편이 낫겠다는 생각이 들었다. 나는 갈 수 있으면 가겠다고 요령껏 대답했지만, 갈 수 없을 것이라는 뜻이었다.

그다음 주에도 다른 사람 몇몇이 전화를 했다. 한 사업가는 골프채를 챙기라고 일러주었고, 롤리에 사는 어떤 부인은 전화를 걸어 내가 간다면 경비 일체가 지불되도록 해놓았다고 말했다. 또 다른 누군가는 내가 다른 목회자를 무료로 데려올 수 있다고 전화로 알려왔다. 이건 도무지 감당할 수 없었다. 나의 영적인 안녕을 걱정하는 진심 어린 마음을 어떻게 거부할 수 있겠는가? 내가 말했다.

"감사합니다. 가겠습니다."

나는 장로교 목사인 친구에게 연락하여 함께 가주기를 청했다. 그는 머뭇거렸다.

"경비가 전액 지원되는 관광지 호텔 여행이란 말이야!"

"알았어. 갈게."

가는 길에 딕이 물었다.

"멀린, 우리가 여길 왜 가는 거지?"

"나도 몰라."

내가 대답했다.

"하지만 공짜잖아. 그러니 즐기기나 하자고."

호텔 로비에서 우리는 처음 보는 사람들로부터 따뜻한 열정에서 우러나오는 인사를 받았고, 나는 우리가 어떤 이상한 존재들 가운데 떨어진 것인지 궁금증을 갖기 시작했다.

예배는 그동안 우리가 드렸던 예배와 달랐다. 사람들은 주체할 수 없는 기쁨으로 찬양했고, 손뼉을 치고, 찬양하는 동안 실제로 두 손을 높이 들었다.

딕과 나는 엄청난 위화감을 느꼈지만 이곳에 있는 기쁨을 통해 우리가 무언가를 배울 수 있다는 것에는 동의했다.

교양 있고 세련된 외모의 한 부인이 번번이 다가와 이렇게 물었다.

"아직 아무 일 없나요?"

"아무 일 없습니다만, 무슨 일 말인가요?"

우리가 대답했다.

"보면 알아요. 알게 될 거예요."

부인이 계속 말했다.

우리를 초대한 루스와 다른 사람들은 특별한 능력이 있다는 어떤 부인과 대화를 나누어보라고 나를 독촉했다.

그들은 우리를 그 부인에게 데려갔는데, 나는 보자마자 그 부인이 싫었다. 그녀는 마치 나를 개종시키려고 애쓰는 듯한 느낌을 주는 식으로 성경 말씀을 인용했다. 나는 비판적인 태도로 나에게 성경 말씀을 인용하는 것이 싫었다.

친구들은 우리가 그 부인과 대화를 해야 한다고 계속 고집을 부렸고, 그들이 우리가 이곳에 오는 비용을 지불한 만큼, 그에 대한 도리는 해야 한다고 생각했다.

그 부인이 하나님이 자기 삶과 자기가 아는 다른 이들의 삶에 어떤 일을 행하셨는지 이야기하는 동안 우리는 조용히 앉아 있었다. 그녀는 '성령 세례'를 여러 번 언급했고, 그런 경험이 1세기 그리스도인들에게는 흔한 일이었음을 보여주느라 성경을 뒤적였다.

"성령님은 지금도 여전히 많은 사람의 삶 가운데 똑같이 역사하고 계십니다. 예수 그리스도는 그를 믿는 사람들에게 지금도 세례를 베푸십니다. 성령강림절에 그러셨던 것처럼 말이에요."

그 부인이 말했다.

그리스도를 위해 기꺼이 바보가 될 수 있는가?

나는 짜릿한 흥분을 느꼈다. 나도 나만의 오순절을 경험할 수 있다는 것인가? 불의 혀를 보고, 급하고 강한 바람의 소리를 들으며, 알지 못하는 언어로 말할 수 있단 말인가?

부인은 말을 마치고 앉아서 우리를 바라보았다.

"두 분을 위해 기도하고 싶군요."

그녀가 부드럽게 말했다.

"그럼 두 분도 성령 세례를 받게 될지도 몰라요."

나는 망설임 없이 대답했다.

"좋습니다."

부인은 두 손을 내 머리에 올리고는 부드러운 목소리로 기도하기 시작했다. 나는 '그것'이 나에게 일어나기를 기다렸지만 아무 일도 일어나지 않았다. 아무것도 느낄 수 없었다.

이어서 부인은 딕의 머리에 두 손을 올렸다. 부인의 기도가 끝나자 나는 딕을, 딕은 나를 바라보았다. 딕도 아무런 느낌이 없다는 것을 알 수 있었다. 모든 것이 가짜였다.

부인은 희미한 미소를 지으며 우리 둘을 바라보았다.

"두 분 아직 아무것도 느끼지 못했죠, 그렇죠?"

우리는 고개를 저었다.

"네, 부인."

"두 분이 알아듣지 못할 언어로 두 분을 위해 제가 기도할 겁니다. 제가 기도하면 두 분은 두 분만의 새로운 언어를 받게 될 거예요."

또다시 그 부인은 내 머리 위에 두 손을 올렸다. 나는 아무것도 못 느꼈고 못 보았고 못 들었다. 기도가 끝나자, 부인은 내 마음속에 내가 알지 못하는 언어가 들리거나 느껴지지는 않았는지 물었다. 잠시 생각에 잠겼던 나는 내게 아무 의미도 없는 말들이 머릿속에 떠올랐음을 깨달았다. 나는 그 이상한 말들이 단언컨대 내 상상의 산물임을 확신했고 부인에게 그렇게 말했다.

"큰 소리로 그 말을 내뱉는다면 바보가 된 것 같은 기분이 들까요?"

부인이 물었다.

"그럴 것 같습니다."

"그리스도를 위해 바보가 될 의향은 없나요?"

이 말 한마디가 모든 상황을 다른 관점에서 바라보게 했다. 물론 그리스도를 위해서라면 무엇이든 할 수 있지만 그런 헛소리를 큰 소리로 내뱉는 것은 나의 미래에 재앙을 불러올 것이었다.

여기 있는 모든 사람이 여기저기 다니면서 어떤 감리교 군종 장교가 모르는 언어로 기도했다고 말하는 모습을 상상할 수 있었다. 어쩌면 군대를 떠나야 할지도 모른다!

그럼에도 그리스도가 내가 그렇게 하기를 바라신다면 어째야 할까? 갑자기 나의 군대 경력이 하찮게 느껴지는 것 같았다. 못 이기는 척, 내 마음속에 떠올랐던 말들을 큰 소리로 말하기 시작했다.

감정이 아닌 사실에 대한 믿음

여전히 아무 변화도 느껴지지 않았다. 예수 그리스도가 나에게 성령으로 세례를 주셨다는 증표로 새로운 언어를 주셨음을 분명히 믿었지만, 오순절에 제자들은 술에 취한 사람들처럼 행동했다. 분명 그들은 어떤 감정에 압도되었을 것이다.

나는 딕을 바라보았지만, 그의 경험도 나의 그것과 다를 바 없는 듯했다. 그는 알지 못하는 언어를 말하면서 그것이 유효하다는 것을 믿었지만, 아무 감정 반응을 보이지 않았다.

"당신의 경험은 감정이 아닌 사실에 대한 믿음에 근거합니다."

우리의 마음을 읽기라도 한 듯 부인이 말했다.

나는 자리에 앉아 깊은 생각에 잠겼다. 나는 달라졌다는 것을 느끼지 못했는데, 내가 달라졌을까?

내가 고개를 들자 놀라운 깨달음이 찾아왔다.

"예수 그리스도가 살아 계심을 다시 한번 알게 됐습니다!"

내가 말했다.

"그냥 믿는 게 아니에요. 나는 안다고요!"

완전히 경이로운 성령 충만

당연하다! 성경은 성령님이 예수 그리스도를 증언하신다고 말씀한다. 이제 나는 그것을 사실로 알게 되었다. 그것은 오순절 이후 제자들에게 주어진 새로운 권위의 원천이었다. 그들은 살아 계셨고 죽었다 다시 살아나신 한 남자를 기억하지 않았다.

그들은 현재 시제로 예수님을 알았다. 예수님은 제자들을 성령으로 충만케 하셨는데 성령의 주된 목적은 예수 그리스도를 증언하는 것이기 때문이다!

　나는 내 죄의 중함을 보면서, 영광 가운데 계시는 예수 그리스도를 나의 구세주로 보았다. 언제나 내 마음속 깊이 알고 있던 그분의 참모습을 보았다. 최근의 끊임없는 의심들이 기쁨에 찬 확신의 물결에 씻겨 내려갔다. 너무나 영광스러운 일이었다!

　나는 예수 그리스도께서 그분이 자신에 대해 말씀하신 대로 살아 계신 주님이요 우리의 구세주이심을 다시는 의심하지 않을 것이다. 예수님이 그저 한 인간에 불과하며 좋은 사람이자 우리가 본받아야 할 모범이라 생각하는 어리석음을 다시는 범하지 않을 것이다.

　이 얼마나 경이로운 진리인가. 우리 안에 살아 계신 예수 그리스도, 우리를 통해 역사하는 그분의 능력! 그분은 포도나무시다. 그분의 생명이 우리 존재를 통해 고동친다. 그분 없이 우리는 아무것도 아니며 우리 자신의 힘만으로는 아무것도 할 수 없다.

　"예수님, 감사합니다!"

사랑의 감정이 차고 넘치다

　내가 일어서서 몸을 쭉 펴자 무언가가 나를 덮쳤다! 갑자기

방에 있던 모든 이를 향한 따뜻한 사랑의 감정이 내 안에서 가득 차고 넘쳤다.

딕에게도 똑같은 일이 동시에 일어났음이 분명했다. 그의 눈에서 눈물이 솟아나는 것을 보았다. 우리는 아무 말 없이 팔을 뻗어 서로를 꼭 끌어안으며 울다가 웃다가 했다.

나는 불과 조금 전까지 굉장히 불쾌하게 여겼던 귀한 부인을 바라보며, 그에게 사랑을 느꼈다. 그녀는 그리스도 안에서 나의 자매였다!

우리는 점심을 먹기 위해 아래층으로 내려갔는데 만나는 모든 사람에게 엄청난 사랑을 느꼈다. 이전에는 전혀 알지 못했던 감정이었다.

그날 저녁 딕과 나는 한방에서 기도하기 시작했다. 사람들이 들어와 우리 기도에 동참했고 이내 방이 가득 찼다. 우리가 기도할 때 다른 사람들은 성령 충만을 받았다. 그리스도의 임재로 사람들이 충만함을 경험하자 호텔은 기쁨의 환호성으로 가득 찼다.

새벽 두 시, 딕과 나는 잠자리에 들려 애썼지만 소용없었다. 우리는 지나치게 흥분 상태였다.

내가 말했다.

"딕, 일어나서 좀 더 기도하자."

우리는 우리가 아는 모든 이를 위해 두 시간 더 기도했다. 그러고는 우리를 향한 하나님의 선하심을 찬송했다.

내가 만약 믿음에 기초해 행동한다면
그것은 하나님의 신실하심과
본성에 대한 믿음이어야 할 것이다.
나는 그분을 알아야 했고,
성경을 읽으면 읽을수록
더 강한 믿음이 생긴다는 것을 깨달았다.

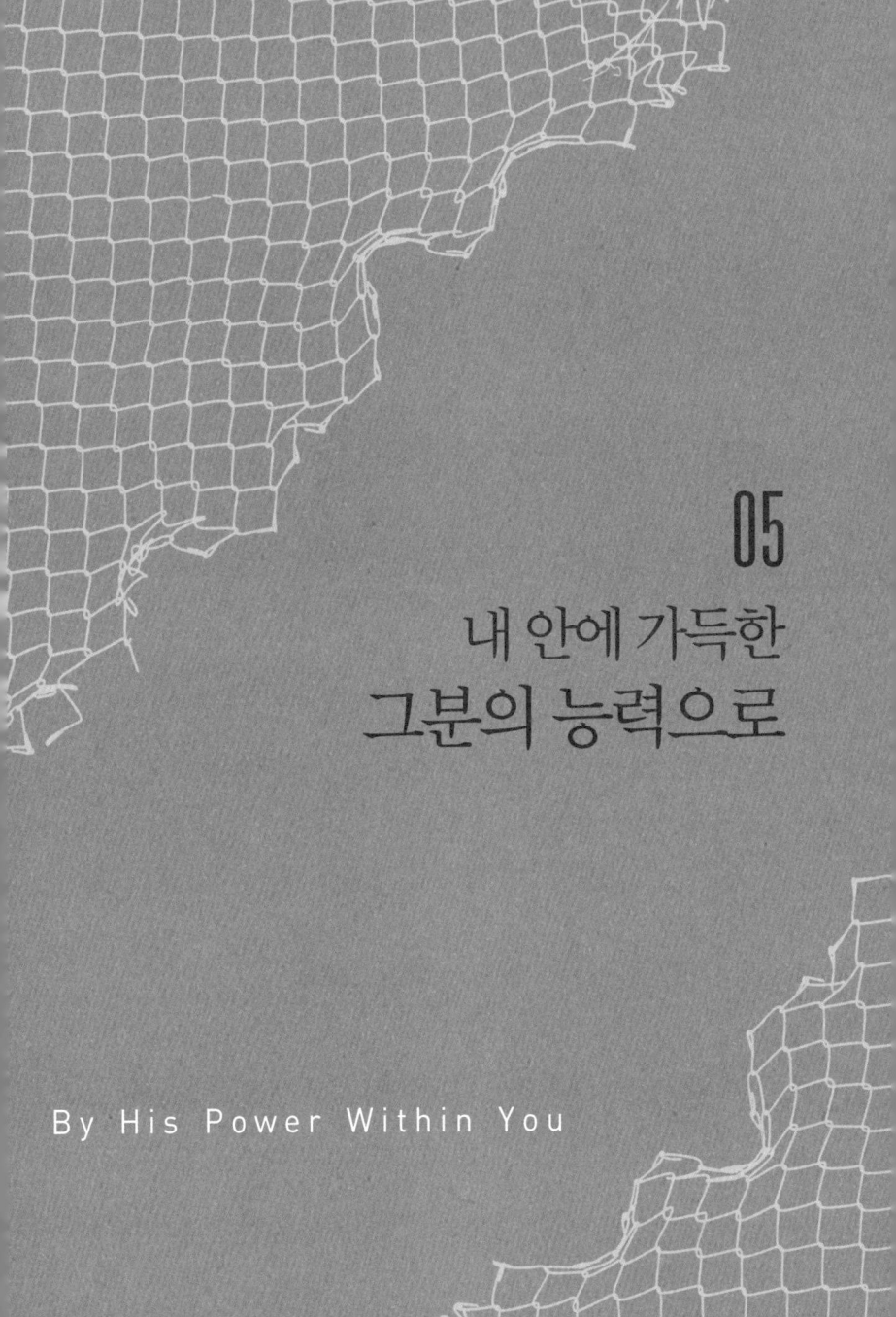

05
내 안에 가득한
그분의 능력으로

By His Power Within You

Prison to Praise

나에게 일어난 경이로운 일을 모든 사람과 나누고 싶은 간절한 마음을 품고 포트 브랙으로 돌아왔다. 언젠가 나는 이런 경험이 나의 목회에 어떤 영향을 미치는지 궁금했던 적이 있었다. 교회의 '오순절과 주정주의'에 내가 어떻게 반응했는지 너무도 잘 기억하고 있다.

과거의 내 반응이 어땠건 간에 이제는 내 경험들을 나눌 수밖에 없다는 것을 나는 잘 알았다.

그리스도를 섬기는 일이 쉬워졌다!

복귀 첫날, 우리 본부중대의 중대 사무실로 갔다. 일등상사가 책상에 앉아 있었다. 그는 덩치가 크고 난폭하며 태도가 거칠기로 유명했다.

"일등상사님, 예수님이 상사님을 사랑하신다고 제가 말씀드린 적이 있습니까?"

내가 말했다.

놀랍게도 그의 뺨 위로 눈물이 흐르기 시작했다.

그가 대답했다.

"아닙니다, 목사님. 그런 말씀은 하신 적이 없습니다."

나는 부끄러워서 얼굴이 붉어졌다. 일 년 넘게 하루에도 몇 번씩 그를 보았는데 그에게 예수님에 대해 한마디도 하지 않았던 것이다.

나는 복도로 들어가다가 행정보급관을 만났다.

"하사님, 예수님이 하사님을 사랑하시며, 저도 하사님을 사랑한다고 제가 말씀드린 적이 있습니까?"

"아닙니다, 목사님. 그런 말씀은 한 번도 하신 적이 없습니다."

또다시 부끄러움을 느끼는 내게 그가 말했다.

"목사님, 잠시 대화를 나눌 시간이 있으십니까?"

우리는 내 사무실로 갔고, 그는 내가 전혀 알지 못했던 자신의 여러 문제를 털어놓았다. 그가 말을 마치자 나는 그에게 그리스도를 구세주로 영접하고 싶은지 물었다. 그는 그렇게 하고 싶다고 말했고 눈물을 흘리며 무릎을 꿇었다.

어디를 가든 사람들이 그리스도를 영접했다. 마치 내 안에 나를 대신하여 말하는 어떤 능력이 있는 것 같았다. 내가 누군가에게 말을 걸기 시작할 땐 내가 무슨 말을 하게 될지 몰랐지만, 떠오른 모든 말에는 사람들을 그리스도께로 이끄는 새로운 힘이 있었다.

이렇게 그리스도를 섬기기는 쉬운 일이었다. 지난날의 긴장감은 사라졌고 나는 웃을 수 있었다. 설교는 더 이상 고심할 필요가 없는 것이 되었다.

그저 예수님의 생각이 나를 통하여 흘러가게 하는 것만으로도 큰 기쁨이 되었다.

나를 믿으렴

모든 군 관계자는 한 달에 한 번 인성교육 강의를 들어야 했다. 군종장교로서 이 수업을 진행할 때는 설교를 하면 안 된다. 어느 날 나는 최대한 조심스럽게 우리나라의 하나님은 여전히 살아 계시고 매일 기도에 응답하신다고 수강생들에게 말했다.

수업을 마친 후, 이등병 한 명이 다가와 그의 얼굴을 내 코앞에 들이대고 무례하게 말했다.

"목사님은 진짜로 그걸 다 믿으십니까? 그렇습니까?"

"네, 믿습니다."

내가 말했다.

"제가 지금 기도하면 하나님이 다 들어준다는 말입니까?"

"그렇습니다. 들어주실 거라 믿습니다."

"담배를 피우는 건 잘못된 행동이라고 생각하십니까?"

그 질문은 뜻밖이었다.

"누군가에게는 잘못일 수도 있고, 또 다른 누군가에겐 옳은 일일 수도 있습니다."

나는 어물쩍 대답했다.

"저는 열네 살 때부터 담배를 피웠습니다."

이등병이 말했다.

"지금은 하루에 세 갑을 피우는데 오늘 아침 의사가 말하길 담배를 끊지 않으면 담배 때문에 죽게 될 거랍니다."

내가 말했다.

"그건 의문의 여지가 없는 일입니다. 귀관에게 흡연은 잘못된 행동입니다."

"그렇다면 목사님의 하나님한테 나 담배 좀 끊게 해달라고 기도해보시죠!"

내가 어떻게 그런 기도를 할 수 있단 말인가? '하나님은 스스로 돕는 자들을 도우실 텐데'라든가 '스스로 원해서 담배를 끊을 수 있게 하나님이 도와주시기를 기도할 수 있을 텐데'처럼 뻔하디 뻔한 대답만 머릿속을 맴돌았다. 하지만 그가 원하는 대답은 그게 아니었다.

나는 조용히 기도했다.

'하나님, 제가 어떻게 해야 할지 깨닫도록 도와주십시오.'

기도를 시작하자마자 매우 강력한 느낌이 들었다.

'너의 새로운 언어로 기도하라!'

'큰 소리로요?'

'아니, 말없이 조용히.'

나는 수련회에서 받은 방언으로 기도하다가 잠시 멈추었다. 또 다른 느낌이 들었다.

'그의 어깨에 네 손을 얹고 기도하라.'

나는 고분고분하게 손을 들어 그의 어깨에 올렸다.

'어떻게 기도할까요?'

'너의 새로운 언어로 조용히 기도하라.'

그렇게 기도했다. 그러고 나자 또 다른 느낌이 들었다.

'그 기도를 영어로 번역하라.'

아무 생각 없이 내가 입을 열자 이런 말이 나왔다.

"하나님, 그가 사는 동안 다시는 담배를 피우지 않게 해주십시오."

이게 무슨 기도란 말인가! 만약 이 사람이 다시 담배를 피우게 된다면 그는 하나님이 기도에 응답하지 않았다고 확신할 것이다. 나는 완전히 혼란에 빠진 채 뒤돌아 교실을 떠났다.

그 뒤로 며칠 동안, 나는 내가 오해했는지를 하나님께 거듭 여쭤보았다. 나의 실수 때문에 그 이등병이 불신하게 되었을까? 그런데 몇 번이고 똑같은 느낌이 들었다.

'나를 믿으렴.'

하나님을 신뢰한다는 것

하나님을 신뢰한다는 것은 분명 믿음 외에는 붙잡을 것 하나 없이 맨몸으로 나선다는 뜻이었다. 나는 새로운 열망을 가지고 하나님 말씀을 집중적으로 연구하기 시작했다. 내가 만약 믿음에 기초해 행동한다면 그것은 하나님의 신실하심과 본성에 대한 믿음이어야 할 것이다.

나는 그분을 알아야 했고, 성경을 읽으면 읽을수록 더 강한 믿음이 생긴다는 것을 깨달았다. 성경 읽기가 이토록 즐거웠던 적이 없었다. 그리스도 안에서 우리가 모든 것을 할 수 있다고 약속하셨던 전능하신 하나님에 대한 새로운 지식이 책갈피에서 솟아났다. 죽음에서 그리스도를 일으켰던 것과 똑같은 능력이 우리 안에 있다고 누가 말했던가!

에베소서 3장 20-21절에서 바울은 이렇게 말했다.

우리 가운데서 역사하시는 능력대로
우리가 구하거나 생각하는 모든 것에

더 넘치도록 능히 하실 이에게
교회 안에서와 그리스도 예수 안에서
영광이 대대로 영원무궁하기를 원하노라 아멘 엡 3:20-21

나는 고린도교회를 향한 바울의 가르침을 조심스럽게 연구했다. 바울은 성령님이 사람을 통해 역사하신다고 알려진 다양한 방법을 열거했는데, 거기에는 방언, 방언 통역, 치유, 기적, 예언, 설교, 지혜, 지식, 믿음, 분별 등이 있다.

하나님이 나를 통하여 어떤 '은사'를 드러내기를 원하시는지 어떻게 알 수 있단 말인가? 나에게 특별한 은사를 주시기는 했을까?

에베소서의 구절이 다시 나에게 다가왔다.

"우리 가운데서 역사하시는 능력대로 우리가 구하거나 생각하는 모든 것에 더 넘치도록 능히 하실 이에게."

아니, 나에게는 아무런 은사도 없다. 내가 할 수 있는 일이라고는 하나님이 나를 통해 역사하시도록 기꺼이 맡기는 것뿐이었다.

그러니까 내가 할 일이란 엄밀히 말해서, 내 안에서 느껴지는 어떤 감동이나 자극에 순종하는 것이다. 성경은 하나님이 우리가 감히 바라거나 상상하는 그 이상의 일을 하실 수 있다고 말씀한다.

분명한 것은 하나님이 하시고자 하는 바를 예측하거나 알 방법이 내게는 없었다.

보이지 않는 것을 믿으라

어느 날 저녁, 기도 모임 중에 나는 우리의 육체를 고치시는 하나님의 능력에 관해 이야기했다. 어떤 부인이 입을 열었다.

"그렇다면 우리 중 누군가를 치료해달라고 기도해보면 어떨까요?"

나는 조금 불안했다. 하나님이 아픈 자들을 위한 기도를 들어주실 수 있고, 실제로 들어주신다는 것을 물론 알고는 있었다. 하지만 하나님이 내 기도를 듣고 응답해주실까?

"좋습니다."

갑자기 믿음이 벅차올라 내가 대답했다.

"기도 받기를 원하는 분이 계십니까?"

"저요."

아까 그 부인이 말했다.

"한쪽 눈에서 몇 달째 눈물이 흐르고 있어요. 약도 소용없고요. 제 눈을 고쳐 달라고 기도해주세요."

나는 숨을 죽이고 그의 머리 위에 손을 올린 뒤, 나의 모든 믿음을 그러모아 하나님이 바로 지금 이 부인을 고치실 것을 확신하며 기도했다.

기도가 끝났지만, 부인의 눈에는 여전히 눈물이 흐르고 있었다. 내가 뭘 잘못한 것일까? 또다시 내 안에 어떤 느낌이 일어났다.

'나를 신뢰하라.'

그렇다. 믿음이란 보이지 않는 것을 믿는 것이다. 내가 읽은 모든 성경 이야기가 이를 명백히 보여주었다. 승리와 패배의 차이는 언제나 믿음의 문제였다. 이스라엘 백성이 믿기를 거부하면 하나님은 아무것도 하실 수 없었다.

성경에 나오는 약속들은 오로지 그것을 믿으려 하는 사람들에게 풍성히 주어진다.

"주님, 우리 기도를 들어주셔서 감사합니다."

내가 큰 소리로 말했다.

그날 밤, 그 부인에게서 전화가 왔다.

"목사님, 무슨 일이 일어났는지 아세요?"

부인의 목소리는 흥분으로 격앙되어 있었다.

"무슨 일이신데요!"

"앉아서 책을 읽고 있었는데 갑자기 제 눈에 뭔가 변화가 느껴졌어요. 눈이 완전히 나았어요!"

나는 흥분하여 이렇게 말했다.

"주님 감사합니다. 주님 뜻을 알겠습니다. 저는 신뢰할 테니 나머지는 주님이 알아서 해주십시오."

성령으로 기도하라

어느 지역에 성령이 충만한 장로교 목사님이 계셨는데 그는 성도들에게 이야기하는 것을 꺼렸다. 그 목사님이 우리 기도 모임의 한 자매에게 주일 저녁 예배 시간에 와서 간증을 해달라고 청했는데 우리 모임 중 몇 사람이 기도하러 함께 갔다.

남침례교인인 그 자매가 자신이 어떻게 성령 세례를 받았는지 이야기하자 교회 안이 쥐 죽은 듯 조용해졌다. 하나님이 성도들에게 말씀하고 계신다는 증거였다.

예배 마지막에 목사님이 나에게 축도를 청하셨다. 자리에서 일어선 나는 축도 대신 마음속에 가장 먼저 떠오른 말로 이야기를 시작했다.

"제단에 나와서 하나님께 자기 삶을 드리기 원하는 분은 모두 앞으로 나오십시오."

정적이 흘렀다. 그 교회는 그때까지 단 한 번도 강단 초청을 한 적이 없었다. 그때, 하나둘씩 성도들이 앞으로 나와 무릎을 꿇었다.

나는 맨 처음 나온 성도 쪽으로 걸어갔다. 무슨 기도를 해야 좋을지 몰랐다. 그 사람이 왜 앞으로 나왔는지도 알 수 없었다. 고개를 숙이고 나는 속으로 조용히 기도했다.

'하나님, 어떻게 기도해야 할지 보여주십시오.'

그러자 '성령으로 기도하라'라는 음성이 들렸다. 나는 나의 새로운 언어로 조용히 기도했다.

'이제 네가 한 말을 통역해보아라.'

"주님, 이 성도가 사업을 하며 술에 취하고 정직하지 못했던 것을 용서하여주십시오."

나는 내가 하는 말에 놀랐다. 내가 만약 오해한 것이라면 어떻게 해야 하나? 동료 목사님에게 큰 실수를 하게 될 수도 있었다.

나는 다음 성도에게 다가가 같은 과정을 반복했다.

"주님, 이 성도의 고약한 성격, 추악한 기질, 가족에게 이기적으로 대하는 것을 용서하여주십시오."

나는 이 사람에서 저 사람으로 옮겨가며 성도들의 머리에 손을 얹고 마음에 떠오르는 대로, 회개와 자백의 기도를 드렸다.

기도를 마칠 즈음, 나는 내가 완전한 신뢰 가운데 이 모든 위험을 감수했음을 깨달았다.

축도가 끝나고 사람들이 하나둘 다가왔다. 하나같이 기쁨의 눈물을 흘리며 이렇게 말했다.

"저에게 정말 필요한 기도를 해주셨습니다. 그런데 저의 문제점을 어떻게 아셨습니까?"

며칠 뒤 목사님은 내게 성도들이 180도 달라졌다고 말해주었다. 그날 밤 앞으로 나온 사람은 대부분 교회의 장로와 직분자들이었다. 이제 모든 성도가 열정과 열의와 기쁨으로 넘치고 있었다.

소리라도 지르고 싶었다. 나는 그 교회 성도들을 괴롭히는 문제들을 알지 못했지만, 하나님은 알고 계셨다. 하나님은 우리 모두의 마음과 생각을 알고 계시고, 개개인의 정확한 요구를 직접 들어주실 수 있는 능력으로 우리를 통해 말씀하실 것이다. 만약 사람들이 반응한다면, 그것은 우리가 아니라 하나님이 하신 것이다. 만약 그들이 거부한다면, 그 실패도 우리 탓은 아니다.

온전히 내어드리기

내가 매일, 어디를 가든 항상 똑같았다. 사람들이 예수 그리스도께 반응했다. 누군가에게 무슨 말을 할지 먼저 생각하려는 습관에 빠질 때면 그 결과는 바로 나타났다. 나는 긴장했고, 하나님의 능력과 임재는 이어지지 않았다. 모든 것을 내려놓고 하나님께 맡기는 원칙은 유효했다.

나는 그저 하나님의 임재 속에 긴장을 풀고 아무 생각 없이 믿음 가운데 입을 열어 하나님이 생각나게 하시는 것을 무엇이든 말하기만 하면 됐다. 그 말은 언제나 도움이 필요한 사람에게 직접 전해졌고, 그 삶은 언제나 놀라운 도움을 받았다.

나는 감탄할 수밖에 없었다. 여러 해 동안 목사로 열심히 일했지만, 예수 그리스도가 성령 충만 가운데 내 존재를 침범하셨던 이후로 이렇게 짧은 시간 동안 이렇게 많은 사람의 삶에 이렇게 많은 일이 벌어지는 것을 본 적이 없었다.

설교 원고를 미리 계획하고 정리하고 연구하고 집필해야 한다는 압박감에서 벗어나니, 성경을 읽고 기도할 수 있는 시간이 훨씬 더 많아졌다. 갑자기 이전보다 더 많은 힘이 생긴 것 같았고, 쓸모없게 되어버린 프로젝트에 시간을 낭비하는 실망스런 경험을 하지 않았다.

내가 그리스도 안에 머무는 한 하나님이 내 삶을 사용하셔서, 모든 세세한 것들, 모든 약속과 모든 사건이 완벽한 조화를 이루며 제자리를 찾기 시작하는 듯 보였다. 더는 약속이나 일정의 혼동이나 충돌을 경험하지 않게 되었다.

유일한 아쉬움이라면, 하나님께 나 자신을 온전히 내어드리는 이런 경험을 조금 더 일찍 하지 못했다는 것이었다.

사람들의 우려와 달리

이 무렵, 오럴 로버츠(Oral Roberts) 목사님이 페이엣빌을 방문했다. 커다란 천막이 세워졌고 수천 명이 밤이면 밤마다 그가 하는 설교와 아픈 사람들을 위해 드리는 기도를 들으러 왔다. 그를 개인적으로 만나고 싶었던 나는 그 지역의 어느 목사님이 예배를 담당하는지 알아낸 뒤, 찾아가서 내가 할 수 있는 일이라면 무엇이든 해서 도움이 되고 싶다고 했다.

그 목사님은 감리교 군종장교가 참여를 원한다는 사실에 놀라워했다. 오순절파 목사님들 외에는 돕겠다는 사람을 구할 수 없었던 탓이다.

집회가 시작된 날 밤부터 나는 군복을 입고 단상에 올랐다. 나는 아픈 사람들을 위해 기도하는 오럴 로버츠 목사님 곁에서 육체가 치유되며 신체적 변화가 일어나는 것을 목격했다! 이 얼마나 놀라운 기쁨인가!

군종장교 동료들은 내가 계속 그런 곳에 나타나서 오럴 로버츠 목사 같은 사람들과 어울린다면, 육군 군종장교로 자리 잡는 것은 포기하는 편이 나을 거라고 넌지시 알려주기 시작했다.

동료들 말이 맞을 수도 있지만, 나는 일시적으로 사람들에게 인정받는 것보다는 하나님께 순종하여 그분의 능력이 분명하게 드러나는 것을 보는 편이 좋았다.

그다음 주에 나는 중령 진급 대상자로 선정된 군종장교 명단을 무심히 훑어보고 있었다. 그런데 나는 진급 대상자가 될 만큼 소령을 오래 하지 않았음에도, 거기, 명단에 내 이름이 있었다! 나중에 알게 되었지만, 일반 규정상 육군은 자격을 갖추기 이전이라도 장교의 5퍼센트는 진급시킬 수 있는 권한이 있었다.

"주님, 주님이 저의 모든 필요를 돌보신다는 것을 제가 신뢰할 수 있음을 보여주셔서 감사합니다."

내가 생각할 수 있는 것은 이것뿐이었다.

새로운 차원의 사역

때때로 순종은 도움을 구하러 온 사람들이 내비치는 바람을 거스르는 것을 의미한다.

한 젊은 소위가 아내와 함께 나를 만나러 왔다.

"아내가 성령 세례를 받을 수 있게 기도해주십시오."

그가 말했다.

내 안에 매우 심상치 않은 느낌이 들었다. 나는 그의 아내가 이미 그런 경험을 한 적이 있다는 것을 단번에 알 수 있었다. 사무실에 들어온 이후 그 아내는 아무 말도 하지 않았지만, 그래도 알 수 있었다.

내가 말했다.

"부인은 이미 세례를 받았기 때문에 다시 기도를 받을 필요가 없습니다."

"그걸 어떻게 아세요?"

그녀는 놀란 듯 보였다.

"기도를 받은 이후로 계속 믿어보려고 노력했답니다."

"성령님이 저에게 말씀해주셔서 압니다."

내가 말했다.

"성령님이 또한 말씀하시길, 부인은 이 자리에서 일어나기도 전에 새로운 언어로 말하는 증거를 받게 될 것입니다."

이건 정말 괴상한데. 아무 일도 안 일어나면 어쩌지? 이 부인의 믿음이 흔들릴 것이 분명했다. 하지만 나는 속으로 확신했다. 그래서 두 사람에게 하나님이 이미 행하신 것에 감사하는 기도를 같이 드리자고 청했다.

그런데 내가 기도를 마치기도 전에, 부인이 새로운 언어로 나지막이 기도하는 소리가 들렸다. 그녀는 기쁨으로 충만한 나머지 물결에 넘실대듯 사무실 밖으로 나갔다.

어느 날은 어떤 젊은 이등병이 내 사무실에 나타났다.

"하나님, 그가 다시는 담배를 피우지 않게 해주십시오."

내가 그를 위해 했던 기도가 생각났다.

그는 만면에 미소를 가득 띠고 있었다.

"목사님."

그가 큰 소리로 외쳤다.

"목사님이 가시고 나서 믿기 힘든 일이 벌어졌습니다."

지난 한 달간 나는 무슨 일이든 가능하다고 믿을 만큼 놀라운 사건을 많이 목격했다.

"믿겠습니다. 말씀해보세요."

내가 말했다.

"목사님이 돌아가시고 나서 저는 웃으며 '식은 죽 먹기지 뭐. 난 그저 담배만 피우면 돼. 그리고 하나님이 기도를 들어주지 않았다는 걸 증명할 거야'라고 생각했습니다. 그리고 화장실에 가서 담배에 불을 붙이고는 깊게 빨아들였습니다. 그런데 바로 토하기 시작했습니다. 저는 그게 우연이라고, 음식을 잘못 먹어서라고 생각했습니다. 그리고 그날 오후 늦게 다시 담배를 피우려 했습니다. 똑같은 일이 벌어졌습니다. 그 뒤로 사흘 동안 담배만 피우려 하면 토를 했습니다. 이제는 담배를 피운다는 생각만 해도 토할 것 같습니다."

나는 기쁨이 넘쳤다. 예수 그리스도는 성령님이 우리와 함께하셔서 우리를 모든 진리로 인도하실 것이라고 약속하셨다. 나는 예수님의 가르침을 오해하지 않았다.

며칠 뒤, 그 이등병이 다시 찾아왔다.

"목사님, 저를 위해 한 번 더 기도해주시겠습니까?"

"당연히 해야지요!"

"하나님이 저의 죄를 용서해주시고, 그리스도를 구세주로 영접할 수 있게 도와달라고 기도해주십시오."

잠시 후에 우리는 함께 무릎을 꿇었고 그는 기쁘게 그리스도를 영접했다.

몇 달 뒤에 나는 조지아주 콜럼버스에 있는 제일침례교회에서 이 사연을 전했다. 그런데 예배가 끝난 후 한 남자가 찾아와서 이렇게 말했다.

"그 일이 있었을 때 제가 82공수사단 행정중대에 있었습니다. 그 사병은 온 중대를 돌아다니며 군종장교님이 자기를 바로잡아준 덕분에 담배를 끊게 됐다고 말하고 다녔지요!"

얼마나 놀라운 진리인가! 하나님은 우리를 구원하시기만 하는 것이 아니다. 하나님이 우리 모습을 바꾸어 그분의 형상대로 만들 수 있다고 말씀하시는 것은 진심이다. 하나님은 말 그대로 우리의 낡은 습관과 콤플렉스, 불순한 생각을 없애고 안에서부터 우리를 새롭게 하신다!

나는 불과 몇 달 전 성령 세례를 받았지만, 한평생을 이 새로운 차원에서 산 것만 같았다.

고통 중에 정결케 되는 은혜

그런데 이제 실제로 활동하는 적과 맞닥뜨리는 상황에 빠졌다. 나는 갑작스레 비정상적인 고통을 느꼈다. 평생 나는 최고의 몸 상태를 유지하며 말처럼 강인했다.

그런데 이제는 아주 조금이라도 힘을 쓰기만 하면 심장이 미친 듯이 뛰기 시작했다. 몸은 약해졌고 온몸이 아팠다. 하는 수 없이 일주일을 침대에 누워 있었다.

상태는 전혀 나아지지 않았다. 검사를 받아보려고 병원에 갔는데 바로 나를 들것에 눕히더니 황급히 침대로 옮겼다. 계속되는 검사에도 전혀 원인을 알 수 없었다.

나는 고통 가운데 비참함과 연약함을 느꼈고, 나아지기는 커녕 점점 더 악화되는 것 같았다. 이대로 있다간 곧 죽을 것 같았다. 내 모든 힘은 고갈되었고 앞날은 캄캄하기만 했다.

그러던 어느 날 밤, 나에게 마지막이 가까웠는지 궁금해하고 있을 때 갑자기 강한 느낌이 찾아왔다.

'여전히 나를 신뢰하느냐?'

'네, 주님.'

나는 어두운 방에 대고 이렇게 대답했다. 고요한 평안이 나를 관통했고 나는 깊은 잠이 들었다.

다음 날 아침, 기분이 한결 좋았다. 의료진은 나에게 좀 더 누워 있어야 한다고 말했지만, 나는 기도하고 찬송하며 성경을 공부하는 날들에 감사했다.

어느 날 글렌 클락(Glenn Clark)이 쓴 책을 읽고 있었는데 내 안에서 이런 질문을 던지는 목소리를 느꼈다.

'이제 예수님처럼 살겠느냐?'

'네, 주님.'

나는 이렇게 대답할 수밖에 없었다.

'그렇다면 너의 생각과 욕망은 어떻게 하겠느냐? 그것들은 순결한가?'

'아닙니다, 주님.'

'그것들이 순결하기를 바라느냐?'

'아, 네, 주님. 저는 불순한 생각과 욕망을 이겨 내기 위해 평생 애썼습니다.'

'너의 불순한 생각을 전부 나에게 주겠느냐?'

'네, 주님.'

'영원히?'

'네, 주님. 영원히요.'

느닷없이 마치 무거운 짐이 내게서 떨어져 나간 듯, 안개가 걷히고 모든 것이 선명하고 깨끗하게 보이는 듯했다. 병동 문이 열리더니 젊은 간호사가 걸어 들어왔다. 내 눈은 간호사를 따라갔다. 아름답고 젊은 간호사를 보면서 이런 생각밖에 들지 않았다.

'하나님의 아름다운 자녀로구나.'

유혹할 생각이라고는 조금도 들지 않았다!

그저 예수님을 받아들이면 된다

퇴원한 후에 기도 모임에 참석했다. 그들에게 나를 위해 기도해달라고 요청해야겠다는 강한 느낌을 받았다. 나는 언제나 남을 위해 기도하는 입장이었는데, 이제 내가 그 모임의 한가운데 의자에 앉아 있고 그들이 나를 위해 기도할 준비를 하고 있었다.

"하나님께 어떻게 기도할까요?"

나는 잠시 생각에 잠겼다.

"이전보다 더 많이 저를 사용해달라고 기도해주십시오."

내가 말했다. 그들은 기도를 시작했고, 불현듯 성령 가운데 예수님이 내 앞에 무릎을 꿇고 계시는 것이 보였다. 예수님은 내 발을 붙잡고 내 무릎에 머리를 기댄 채 말씀하셨다.

'나는 너를 사용하기를 원하지 않는다. 네가 나를 사용하길 원한다!'

마치 예수님에 대한 새로운 이해의 문이 열린 것 같았다. 예수님은 제자들의 발을 씻기시면서 그분이 그들 앞에 무릎 꿇으시는 것을 제자들이 허락해야 한다고 말씀하셨다. 예수님은 십자가에서 자신을 완전히 내어주셨던 것처럼 우리 삶의 매 순간 그분을 우리에게 주시기를 원하신다. 우리에겐 예수님께 드릴 것이 아무것도 없다. 우리는 그저 예수님을 받아들이기만 하면 된다!

우리가 하나님을 신뢰할 때
하나님의 뜻이 아니고서는
이 세상 그 무엇도 우리를 건드리지 못한다.

Prison to Praise

1966년, 나는 당시 포트 브랙에 주둔하고 있던 제80종합지원단과 함께 베트남으로 가라는 명령을 받았다.

우리는 샌프란시스코에서 배를 탔는데, 만을 벗어나 바다로 나가는 동안 나는 갑판에 서서 내 안에 그리고 내 곁에 있는 하나님의 평안을 느끼고 있었다. 이것이 나를 향한 하나님의 뜻임을 알 수 있었다.

배에서 나는 기도 모임과 성경 공부, 정기 예배를 시작했다. 우리는 바다에서 21일을 보냈는데 날마다 여러 병사가 그리스도를 영접했다.

사탄은 그 병사들이 베트남에 가는 중이라 그리스도를 영접한 것뿐이며 그들의 결단은 절대 진심이 아니라고 내 귀에 속삭이곤 했다.

몇 달 후, 나는 사탄의 말이 새빨간 거짓말이라는 증거를 얻었다. 그리스도를 위해 결단했던 병사들은 대부분 베트남에 도착하는 즉시 우리를 떠나 각기 속한 부대에 따라 다른 곳에 배치되었다. 어느 날 내가 그들의 부대에 찾아갔을 때 한 하사가 나를 보았다. 그는 기뻐서 어쩔 줄 몰랐다.

"캐러더스 목사님, 주님을 찬양합니다."

그는 하나님이 하신 모든 일을 나에게 말해주었다. 우리는 배에서 그리스도를 영접했던 그 부대의 다른 병사들을 만나러 같이 갔고, 그들은 그들의 성경 모임과 그들이 그리스도께 인도한 병사들에 대해 이야기해주었다.

"스토버 소위를 기억하십니까?"

그들이 물었다.

"그럼요, 기억하고 말고요."

나는 스토버 소위가 갑판에 서서 대학 시절 내내 자기가 하나님으로부터 도망쳐 다녔다는 이야기를 해주던 그날 오후를 떠올렸다. 그는 바로 그 자리에서 자신의 삶을 그리스도께 돌려드리면서 군대에서 제대하자마자 전임 사역자로의 부르심에 화답하겠다고 나에게 말했다.

"소위님이 아주 멋진 합창단을 만드셨는데 병사들이 소위님과 함께 정말 기쁘게 찬양합니다."

그들은 나를 소위에게 데려갔고 우리는 기쁘게 재회했다.

우리의 기도에 하나님이 응답하신다

베트남 캄란(Cam Ranh)에 도착하자마자 나는 토요일 밤 기도 모임을 조직했다. 오래 지나지 않아 병사 스물다섯 명이 매주 모이게 되었다. 나는 우리가 그저 하나님을 믿기만 하면 하나님이 우리 기도에 응답하신다는 것을 믿으라고 도전했다.

몇 주 동안 나는 병사들에게 특별한 기도 제목이 있으면 요청하라고 말했다. 드디어 어느 날 저녁, 준위 한 사람이 입을 열었다.

"그러면 목사님, 제 아내를 위해 기도해주시면 좋겠습니다. 저희는 결혼한 지 6년이 되었는데 아내가 종교를 굉장히 반대해서 식사 기도도 못 하게 합니다. 아내를 위해 기도하는 것이 큰 도움이 되리라 생각하진 않습니다만 한번 해주시면 좋겠습니다."

첫 번째 기도 요청으로는 의외라고 생각했지만, 나는 하나님이 다 아시고 잘하시리라는 것을 깨달아가고 있었다. 나는 병사들에게 둥글게 서서 손을 맞잡으라고 한 다음, 첫 번째 기적을 바라며 기도를 시작했다.

사병 중 과거에 기적을 믿으려 해본 사람은 아무도 없었지만, 지금은 기꺼이 믿어볼 마음이 있었다. 나는 성령 세례를 받은 이후로 하나님이 내 삶 가운데 행하신 놀라운 모든 일을 그들과 함께 나누었다.

골치 아픈 가정사는 저 멀리 남겨둔 채 베트남 전선 근처에 주둔하고 있는 그들은 성령님의 더욱 심오한 것을 깨달을 준비가 되어 있었다.

2주 후에 그 준위가 편지 한 통을 들고 기도 모임에 참석했다. 우리에게 편지를 읽어주는 그의 얼굴에선 눈물이 흘러내렸다.

여보, 우리 집에서 무슨 일이 있었는지 당신은 아마 믿지 못할 거예요. 일주일 전 토요일 아침, 주방 싱크대 앞에 서 있었는데 너무나 기이한 경험을 하게 되었어요. 커다랗고 하얀 표지판 하나가 내 머릿속에서 번쩍거리기 시작했어요. 거기에는 검은 글씨로 '부흥회'라는 단어가 써 있었죠.

머릿속에서 이 생각을 지울 수가 없었어요. 다른 생각을 하려고 아무리 애를 써도 오전 내내 그 표지판이 내 앞에 계속 있었어요. 정오쯤 되니 정말 혼란스러웠어요.

애들 고모에게 전화를 걸어 커다란 부흥회 표지판이 마을 어디에 있느냐고 물어봤죠. 내가 그 표지판을 본 적이 있을지도 모른다고 생각했거든요. 당신 여동생 말이 그런 표지판은 없지만, 자기네 교회에서 부흥회를 하고 있다는 거예요. "언니도 올래요?"라고 묻더군요.

제가 그랬죠. "나 그런 데 안 가는 거 알잖아."

하지만 그 표지판이 계속 생각났고, 저녁 무렵 그 생각이 너무 간절해진 나는 당신 여동생에게 전화해서 나도 같이 갈 수 있는지 물어봤어요. 예배 도중에 초청의 시간이 있었고 나는 앞으로 나갔어요.

내가 정말로 내 삶을 그리스도께 드렸는지 확신하고 싶어서 일주일을 기다렸다가 이 편지에 쓰는 거예요.

근데 여보, 이건 진심이에요! 오늘 세례를 받았는데 정말로 기뻐요. 당신이 어서 집으로 돌아와 진정한 기독교 가정을 이루었으면 좋겠어요.

"목사님, 집에서 토요일 오전이었던 그 시간이 여기에선 몇 시였는지 아십니까?"

나는 고개를 저었다.

"우리가 제 아내를 위해서 기도하던 토요일 밤입니다. 아내에게 그 표지판이 보이기 시작한 것이 바로 그때였어요. 그리고 주일 아침도 기억하십니까?"

"그럼요, 기억합니다."

주일 오전 예배 끝 무렵 초청의 시간에 그가 앞으로 나왔다. 나는 그가 원래 기독교인인 줄 알았다고 말했고 그는 이렇게 대답했다.

"네, 목사님. 맞습니다. 그런데 제가 저 뒤쪽에 서 있었는데 앞으로 나가면 어떻게든 아내에게 도움이 될 거라는 강력한 느낌이 들었습니다."

그는 이제 눈물을 감추지 않고 나를 바라보았다.

"목사님, 그때가 고향에서는 몇 시였는지 아시겠습니까?"

그때 나는 분명히 깨달았다. 토요일 밤이었다. 그날 밤 그의 아내는 그리스도를 영접했다. 우리 기도 모임에 짜릿한 전율이 흘렀다. 많은 병사가 눈물을 흘렸다. 병사들은 하나님이 정말로 기도에 응답하신다는 것을 스스로 깨닫고 있었다.

그들이 부르기 전에 내가 응답하겠고

그 준위 옆에 한 흑인 하사가 앉아 있었는데 표정이 심상치 않았다.

"왜 그러십니까?"

내가 물었다.

"목사님, 제 아내도 준위님 사모님과 똑같습니다. 우리 고향에 있는 그 어떤 종교도 인정하지 않으려고 해요. 만약 제가 2주 전에 아주 작은 믿음이 있었다면 여기서 제 아내를 위해서도 기도할 수 있었을 테고, 그랬다면 어쩌면 제 아내에게도 똑같은 일이 일어날 수 있었다는 것을 깨달았습니다."

이런 우연이 다 있을까! 머나먼 베트남에서 이렇듯 흔치 않은 문제를 공유한 두 병사라니.

"그러면 이제 귀관의 아내를 위해 기도합시다."

나는 열정적으로 말했다.

"목사님, 저는 기회를 놓친 것 같습니다. 지금은 기도할 믿음이 없습니다."

"귀관의 믿음에만 의존할 필요는 없습니다. 우리 기도를 믿기만 해요. 그러면 우리가 귀관을 위해 믿음을 가질 것입니다."

우리는 손을 맞잡고 기도하기 시작했다. 병사들 사이에서 새로운 열정이 생겨났다. 그들은 하나님이 들으시고 응답하신다는 것을 스스로 깨닫기 시작했다.

다음 날 아침, 사무실에 있는데 어제 그 하사가 함박웃음을 지으며 편지 한 통을 들고 뛰어 들어왔다.

"설마 벌써 응답을 받은 건 아니겠죠?"

내가 짓궂게 물었다.

"당연히 받았습니다!"

흥분에 빠진 그를 보면서 갑자기 머릿속에 이런 말씀이 스쳐 갔다.

"그들이 부르기 전에 내가 응답하겠고."

그게 가능한가?

"편지엔 뭐라고 써있습니까?"

그 전날 밤 우리가 들었던 편지의 복사판이나 다름없었다.

그 하사의 아내 또한 구원받고 세례를 받았으며, 이미 교회학교에서 아이들을 가르치고 있었다.

"오, 하나님."

나는 숨을 가다듬었다.

"사랑합니다, 사랑합니다, 사랑합니다!"

우리가 기도하면 하나님이 고치신다

어느 토요일 밤, 신임 장교 한 사람이 기도 모임을 찾아왔다. 그는 우리가 기도하는 방식에 전혀 공감하지 못했다.

"목사님, 하나님이 정말 기도에 응답하신다면서 왜 중요한 기도에는 응답하지 않으십니까?"

"장교님은 무엇이 중요하다고 생각하십니까?"

내가 조용히 물었다.

"제 어린 아들은 맨 처음 일어선 날부터 자기 발을 보며 아프다고 소리를 지르곤 했습니다. 저희는 아이를 데리고 인근에 있는 모든 의사와 전문가들을 찾아다녔습니다. 특수한 신발, 깁스, 보조기, 보호대까지 써봤지만 허사였습니다. 이제 아이는 일곱 살이 되었는데, 매일 밤 아이를 재우려면 아내는 아이 발을 베개에 올리고 문질러주어야 합니다. 하나님은 왜 제 아들을 위해서는 아무것도 하지 않으십니까?"

나는 어떻게 기도해야 좋을지 알려달라고 조용히 하나님께 청한 뒤 입을 열었다.

"우리가 기도하면 하나님이 고치실 것입니다!"

나는 확신했다.

"장교님은 믿지 않지만 우리가 믿으니 하나님이 아드님을 고치실 것입니다. 이쪽으로 오셔서 함께 기도합시다."

우리는 하나님의 일하심을 보기 원하는 새로운 열망으로 기도했다. 그것은 고향에 있는 누군가를 위한 세 번째 기도 요청이었고, 그것을 요청하신 이가 하나님이심을 나는 알았다.

두 주일이 지난 후에 편지 한 통이 또 도착했다.

여보,

진짜라고 하기엔 너무나 말도 안 되는 이 이야기를 하려고 일주일을 기다렸어요.

일주일 전, 폴이 태어나고 처음으로 하루 종일 단 한 번도 발 이야기를 하지 않았다는 걸 깨달았어요. 그날 밤엔 발을 베개에 올리지도 않고 잠들었어요.

그 즉시 당신에게 편지를 쓰고 싶었지만, 당신이 헛된 기대를 하게 될까 봐 두려웠어요. 그런데 그다음 날도 마찬가지였어요. 이제 꼭 일주일이 되었는데 폴은 발이 아프다고 불평하지 않아요!

"목사님, 믿어지지가 않습니다."

장교가 눈물을 삼키려고 애쓰며 말했다.

"그런데 아들의 발이 아프지 않게 된 날이 바로 우리가 제 아들을 위해 기도한 그날이었습니다!"

이후로 몇 달 동안 그 장교는 나만 보면 두 팔을 들고 이렇게 말했다.

"아들 발은 지금도 괜찮다고 합니다!"

그날 이후로 기도 모임 사병들의 믿음이 성장하기 시작했다. 점점 더 많은 기도 응답을 받았다. 계속되는 놀라운 일들을 전해 듣기 위해 다른 사병들이 우리 기도 모임을 찾아왔다. 주일 아침 예배 시간이면 나는 설교단에 서서 응답받은 기도에 대한 편지와 보고를 읽기 시작했고, 그때마다 사병들은 나를 향해 손을 흔들며 소리쳤다.

"또 다른 기적은 없습니까, 목사님?"

그러면 나는 대개 이렇게 화답했다.

"가장 큰 기적은 또 한 명의 사병이 그리스도를 영접하고 영생을 얻었다는 것입니다!"

그리스도의 영이 우리 가운데서 움직이시니 많은 사병이 그리스도께 이끌림을 받았다.

한 영혼을 돌이키시는 가장 큰 기적

어느 주일 아침, 내가 그리스도를 영접하라고 권유하자 많은 사병이 기도하러 앞으로 나왔다. 예배를 마친 후 나는 사무실로 돌아와 잠시 주님과의 시간을 가졌다. 퇴근하려는데 갑자기 어떤 하사가 복도로 뛰어 들어오더니 사무실 한가운데 무릎을 꿇었다.

"저를 위해 기도해주십시오."

그는 정말로 괴로워하며 소리쳤다.

그러더니 자신은 부도덕하며 알코올과 마약에 중독되어 아내와 자식들을 저버렸다고 고백하기 시작했다. 그는 회개의 눈물을 흘리며 슬픔을 쏟아냈다. 그의 이야기가 끝난 후, 나는 그에게 하나님이 그를 사랑하셔서 예수님을 보내시고 그가 고백한 모든 죄를 위해 십자가에서 죽게 하셨다고 말했다.

"귀관은 그저 그리스도를 구주로 영접하면 됩니다. 그러면 하나님이 귀관에게 영생을 주시고 죄를 완전히 용서해주실 것입니다."

"그렇게 하겠습니다. 하고 말고요."

흐느끼던 그가 하나님께 감사와 찬양을 드리기 시작하자, 평강과 기쁨의 미소가 그의 얼굴에 흘러넘쳤다.

나중에 그는 어쩌다 내 사무실로 뛰어 들어오게 되었는지 말해주었다. 그날 아침 일찍, 그는 군대 매점(PX)에 가던 중에 군 교회 옆을 지나게 되었다. 그때 갑자기 안으로 들어가야겠다는 충동을 느꼈다.

'말도 안 돼.'

그는 생각했다.

'6년 동안 교회에 가본 적이 없는데 지금 교회에 갈 이유가 없잖아.'

그는 매점으로 향했지만 무언가가 뒤에서 그를 계속 잡아당겼다. 결국 그는 교회에 가보기로 했고 때마침 예배가 시작되고 있었다.

그는 예배 시간 끝까지 자리를 지켰는데, 사병들이 일어나 마지막 찬송을 부를 때 자신이 떨고 있다는 것을 깨달았다. 얼마나 심하게 몸을 떨었는지 앞에 있는 의자를 붙들지 않고는 서 있기도 힘들었다.

그는 언제 바닥에 쓰러질지 몰라 두려웠고 앞으로 나가 자기 삶을 하나님께 드려야겠다는 강력한 충동을 느꼈다.

'난 못 해.'

그는 혼잣말을 하고는 교회를 빠져나왔다. 밖으로 나온 그는 다리에 힘이 풀려 잠시도 더는 서 있지 못할 것 같았다. 그의 마음속에 '지금이 바로 그때'라는 목소리가 들렸다. 그는 하나님께 순종해야만 했다. 그렇지 않으면 하나님이 그가 죽게 내버려두실 것 같았다. 더 이상 지체하지 않고 몸을 돌려 교회로 돌아온 그는 내 사무실 복도로 내달렸다.

죽음의 위기 앞에서도 기쁨과 평강

나의 군종장교 동기 중에 남침례교인이 있었다. 우리는 사이가 좋았고 그는 주님을 사랑했지만 내가 성령님을 강조하는 것을 죽을 만큼 무서워했다. 신유, 축귀, 성령 충만, 성령의 은사 체험 등의 개념은 그에게 생소한 것이었다. 그는 우리 기도 모임에 한 번 참석하더니 앞으로는 기도 모임에 참석하지 않겠다며 양해를 구했다.

특히나 그는 한 사람이 원 가운데 있는 의자에 앉으면 나머지 사람들이 각자 손을 그 위에 올리고 그의 특정한 필요를 하나님이 채워주시기를 기도하는 방식을 염려했다. 난생처음 이런 광경을 본 그에게는 그런 모습이 비기독교적으로 느껴졌을 것이다.

기도 모임에 꾸준히 참여하는 사병들을 통해 그는 모임에서 일어나는 일들을 전해 들었다. 낙심하고 실패하여 모든 것을 포기할 뻔했던 사병들이 기도 받기를 청했다. 그들은 나의 동기 군종장교에게 자신들이 무거운 짐을 완전히 벗어버린 경험을 했다고 말했다. 의자에 앉아서 다른 이들이 손을 얹어 기도하자 끊임없는 평강과 기쁨이 넘쳤다는 것이다. 이후로 그들은 그리스도를 더욱 실감하게 되었다고 말했다.

이런 일들이 나의 동기 군종장교에게 조금씩 영향을 미친 것이다. 그는 하나님이 많은 방법을 통해, 심지어 자신이 이제까지 보고 경험한 것과는 전혀 다른 방법을 통해 역사하심을 깨닫기 시작했다. 그러더니 예상치 못한 일이 벌어졌다.

다른 최전방 부대의 한 군종장교가 전사해서 내 동기 군종장교에게 그 자리를 맡아달라는 연락이 왔다. 그는 당연히 불안감을 느끼면서 작별 인사를 하러 내 사무실을 찾아왔다. 머뭇거리던 그는 우리 기도 모임을 통한 사역이 자신에게 큰 의미가 되었다고 고백했다. 그러더니 눈물을 쏟으며 바닥에 무릎을 꿇었다. 그는 내 손을 붙잡아 자기 머리 위에 올렸다.

"멀린, 자네 방식대로 나를 위해 기도해주게."

나는 그를 위해 조용히 방언으로 기도하기 시작했고, 기도하는 동안 그는 기쁨과 평강으로 가득 차기 시작했다. 눈물을 흘리며 웃던 그는 자신의 모든 두려움이 사라졌노라고 말했다. 그는 전장으로 떠날 준비가 되어 있었다.

몇 주가 지나고 그가 전화해서는 부대에 도착한 첫날 헬리콥터 사고로 죽을 뻔했다고 말했다.

"그 순간에도 나는 그리스도 안에 있는 넘치는 사랑과 신뢰

밖엔 느껴지지 않았어."

우리 부대는 북쪽에 있는 추라이로 이동하여 아메리칼 사단(Americal Division)에 합류했다. 이제 우리는 해병대와 더불어 전장 한복판에 있게 되었다. 나는 그분의 자녀들을 보호하시는 하나님의 능력의 증거를 점점 더 많이 목격했다. 우리가 하나님을 신뢰할 때 하나님의 뜻이 아니고서는 이 세상 그 무엇도 우리를 건드리지 못한다.

내가 특정 장소에 가도록 예정되어 있던 여러 차례 상황에서 나는 막판에 계획을 바꾸고 싶은 충동을 느꼈다. 나중에 알고 보니 내가 그 충동을 따를 때마다 내가 죽을 수도 있는 사고를 피했던 것이었다.

한번은 200킬로그램이 넘는 폭탄을 배에서 내리는 사병들을 위해 바닷가에서 예배를 드릴 예정이었다. 마지막 순간에 나는 그 예배를 취소해야겠다는 느낌을 강하게 받았다. 우리가 모이기로 했던 바로 그 시간, 그 장소에서 폭발이 일어나 폭탄이 터졌다. 그곳에서 예배를 드렸더라면 많은 사병이 목숨을 잃었을 것이다.

유일한 생존자의 고백

내 오랜 친구인 버튼 해치 목사는 보병 사단의 군종장교였는데, 그가 내게 주일 저녁 예배를 맡아달라고 요청했다. 예배가 끝날 즈음 사병 몇 명이 그리스도를 영접하기 위해 앞으로 나왔다. 나는 그들 한 사람 한 사람과 함께 기도했다.

다음 날 아침, 어제 그 사병 중 한 사람이 교회를 다시 찾아왔다. 그는 흠뻑 젖은 지저분한 옷에 머리카락이 이마에 달라붙어 몰골이 말이 아니었다. 그래도 그는 빛나는 얼굴로 이렇게 말했다.

"주님을 찬양합니다. 예수님 감사합니다!"

그날 아침 일찍, 그와 다섯 명의 동료는 수류탄, 목에 두르는 탄띠, 방탄조끼 등으로 완전군장을 했다. 그들은 헬리콥터에 올라 해안선을 따라 중국해를 건너 북쪽으로 향했다. 기장이 수면에 지나치게 가까이 비행하는 바람에 갑자기 큰 파도가 헬리콥터의 활주부(착륙할 때 쓰이는 다리 - 역주)를 때렸다. 엄청난 흔들림과 함께 헬리콥터가 뒤집어지더니 곧바로 바다로 빠져들었고, 병사들은 사방으로 튕겨 나갔다.

이 젊은 병사는 자신이 물속으로 빠르게 빠져들고 있다는 것을 깨달았다. 그는 수면으로 헤엄쳐 올라가려 애썼지만, 무거운 군장 때문에 다시 물속에 빠지기 직전 겨우 숨을 한 번 쉴 수 있었다. 군장을 벗으려고 미친 듯이 노력했지만 벗겨지지 않았다.

그의 말로는 몸이 가라앉기 시작하자 불현듯 그 전날 밤 자신이 하나님을 영접했다는 사실이 떠올랐다고 한다. 죽어도 괜찮다고 생각하자 갑자기 엄청난 평화가 마음을 가득 채웠다. 무거운 군장에서 벗어날 수 없다고 해도 크게 상관없었다.

한 번 더 수면 위로 떠오른 그는 다시 물 아래로 가라앉았다. 세 번째 수면 위로 올라왔을 때 그는 힘이 다 빠져서 잠시 후면 주님과 함께 있게 되리라고 생각했다.

바로 그때, 그의 몸에 둘러 있던 군장이 미끄러져 나가는 것을 느꼈다! 그는 수면으로 올라와 자유로워졌다. 해변 쪽으로 헤엄치기 시작했고 자기가 유일한 생존자임을 알게 되었다.

죽음 앞에서 구원받은 자들

몇 달 뒤에 나는 추라이에서 남쪽의 퀴논(Qui Nhon)으로 발령받아 제85후송병원에서 근무하게 되었다. 불과 몇 시간 전에 부상당한 병사들이 후송되어 왔다. 거기서 나는 역사하시는 하나님의 능력을 거듭 체험했다. 이 부상병들은 그리스도를 영접할 준비가 되어 있었다. 그들 한 사람 한 사람은 자신의 생각을 뛰어넘는 어떤 힘이 그들을 죽음에서 구원했다고 나에게 말했다.

"그게 무엇이었을까요?"

내가 물었다.

"어떻게 설명할지 모르겠습니다."

그들은 이렇게 말하곤 했다.

"갑자기 '이제 나는 죽는구나'라는 생각이 든 순간, 어떤 엄청난 힘이 나를 둘러싸고 있다는 것을 알게 되었습니다. 그리곤 이제 안전하다고 확신했습니다. 그분이 하나님이시라는 것과, 하나님은 내가 죽기를 바라지 않으신다는 걸 알 수 있었습니다."

병사들은 하나님이 그들을 살리기로 하신 이유가 무엇이냐고 종종 묻곤 했다. 나는 그들에게 하나님이 그들 삶에 특별한 목적을 가지고 계시며, 그들이 그분 목소리에 귀를 기울이면 그 목적을 드러내실 것이라고 말해주었다.

나는 병사들이 누워 있는 침상을 오가며 이야기를 나누다가 걸핏하면 감정에 북받쳐 올랐다. 그들은 찢기고 피를 흘렸으며, 어떤 경우엔 사망하기도 했다. 하지만 그 누구도 불평을 입에 담지 않았다.

그들은 자신이 중요한 일을 하고 있다는 확신이 있었고, 이유는 모르겠지만 죽음에서 구원받았다. 나는 병사들의 강인함과 용기를 본 간호사들이 눈물을 흘리며 고개를 돌리는 모습을 보았다. 아무리 고통스러워도 병사들은 미소를 지으며 이렇게 말했다.

"저는 괜찮습니다."

일촉즉발의 위기

어느 날 밤, 어떤 간호사가 소령 한 사람을 만나달라며 병원으로 나를 불렀다. 소령은 나를 보자 울기 시작했다. 그는 온통 붕대를 감고 있었는데, 나는 그가 흐르는 눈물을 멈추려고 애쓰는 동안 십 분 정도 서서 기다렸다. 도대체 무슨 일인지 궁금했다. 다리를 잘라야 한다는 이야기를 들은 걸까? 그의 다리에는 두툼한 붕대가 감겨 있었는데 심한 부상처럼 보였다.

어쩌면 그는 고향에 있는 누군가가 많이 아프다는 소식을 들었는지도 모른다.

한참 후에 소령은 평정심을 되찾고 놀라운 이야기를 들려주기 시작했다.

불과 몇 시간 전, 그는 헬리콥터에 타고 있었다. 그 헬리콥터는 대공 공격을 받아 울창한 정글로 떨어졌고, 군인 여섯 명이 산기슭 주변으로 뿔뿔이 흩어졌다.

정신이 든 소령은 자신이 움직일 수 없을 만큼 심각한 부상을 당했다는 것을 깨달았다. 그는 자신처럼 심각한 부상으로 움직일 수 없는 다른 병사들이 내지르는 소리를 들을 수 있었다.

저 멀리서 소총 소리가 들려왔다. 헬리콥터가 추락하는 모습을 본 베트콩들이 그 지점으로 모여들고 있었다. 미군을 생포하기 위해 베트콩들이 몰려든 것이었다.

소령은 자신이 마지막에 이르렀다고 생각했다. 베트콩들은 부상당한 미군을 데려가려고 애쓰진 않을 것이다. 그들은 분명 죽을 때까지 미군을 고문하는 잔인한 놀이를 즐길 것이다.

그는 기도하려고 했지만 어떻게 해야 하는지 몰랐다. 평생 교회에 출석했지만, 진심으로 하나님께 말을 걸어본 적이 없었다. 그런데 갑자기 누군가 이렇게 말하는 것이 느껴졌다.

'그냥 부탁하고 믿으면 돼!'

북받쳐 오르는 비통함과 새롭게 된 믿음으로 그가 외쳤다.

"오, 하나님, 제발 저를 도와주십시오!"

난생처음 하나님께 말을 건 것이다. 여전히 그의 귀엔 베트콩들이 점점 다가오는 소리가 들려왔다.

상식을 거슬러 역사하신 하나님

수 킬로미터 떨어진 곳에서는 또 다른 미군 헬리콥터가 북쪽으로 비행하고 있었다. 그 헬기의 조종사가 나중에 이런 이야기를 들려주었다. 갑자기 그는 기수를 돌려 동쪽으로 가야 한다는 매우 강한 충동을 느꼈다.

'하지만 무슨 이유가 있을까?'

그는 고민했다. 목적지는 북쪽이었다. 그는 군사 규칙을 깡그리 무시하고 90도로 기수를 돌려 동쪽으로 향했다. 그러고 나자 더 낮은 고도로 더 느리게 날아야 한다는 더욱 강한 충동이 느껴졌다. 그것은 그가 느낀 첫 번째 충동보다 훨씬 더 비논리적이며, 적지 비행 규칙에 전면 위배되는 것이었다. 그는 높이 날든지, 빠르게 낮게 날든지 해야 했다. 하지만 그 충동이 어찌나 강하던지 그는 나무 높이 정도로 고도를 낮추었고, 왠지 자기가 무언가를 찾고 있다는 듯한 생각이 들었다.

'저기 있다!'

그는 돌연 정글 너머에 흩어져 있는 헬리콥터 잔해를 발견했다.

그는 헬기가 추락한 지 얼마나 되었는지는 알 수 없었지만 가서 확인해봐야겠다고 생각했다. 정글이 너무 울창해서 착륙이 불가능했다. 그가 나무 위를 맴도는 동안 동료 한 명이 윈치(무거운 짐을 올리거나 내릴 때 사용하는 기중기의 일종 - 역주)를 사용해 아래로 내려갔다.

지상으로 내려간 동료가 부상병들을 발견했다. 그는 부상병들을 한 명씩 윈치에 고정한 뒤 헬리콥터로 들어 올렸고, 마지막 부상병까지 안전하게 올려보낸 후에 스스로 윈치에 올라 복귀했다. 그가 지상에서 발을 떼자마자 베트콩들이 들이닥쳐 총을 쏘기 시작했다. 그 광경을 지켜보던 조종사는 승무원이 나무 위로 올라오자 헬리콥터 고도를 높여 빠져나왔다.

몇 분 사이에 부상병들은 병원으로 안전하게 이송되었다.

이야기를 마친 소령은 내 손을 붙잡고 이렇게 말했다.
"목사님, 목사님이 오셔서 저에게 베푸신 하나님의 선하심에 제가 감사할 수 있도록 도와주시기를 바랐습니다. 저는 앞으로 남은 생애 하나님만 섬기렵니다!"

하나님은 내게
그 연약함을 취하여
고통에서 기쁨으로 바꾸라고 말씀하셨고,
그렇게 하자 그리스도의 능력과 기쁨이
나에게 찾아왔다.

Prison to Praise

1976년 베트남에서 돌아온 나는 조지아주 포트 베닝으로 보내졌다. 23년 전, 수갑을 찬 수감자로 그곳을 떠났던 내가 이제 군종장교가 되어 돌아왔다! 그때 내가 어떤 기분이었는지 기억조차 잘 나지 않는다.

나는 21개 장교 후보생 중대와 21개 하사관 후보생 중대의 여단 군종장교로 발령을 받았다. 미래 군사 지도자들을 그리스도께 인도할 멋진 기회가 아닌가!

그것은 매우 흥미로운 도전이었지만 나는 나 자신의 부족함을 알고 있었다. 내 안팎에 있는 하나님의 능력과 임재를 깨달았으면서도 나는 종종 다루기 힘든 도구와 같았다.

낙담의 시간을 보내던 나는 이것이 나를 향한 하나님의 뜻과 계획이 아니라는 것을 깨달았다.

주님의 기쁨을 늘 누리려면

나는 실마리를 찾아 성경을 뒤적였다. 요한복음 17장에서 예수님이 그분의 제자인 우리를 위해 아버지 하나님께 드리는 기도를 발견했다. 예수님은 이렇게 기도하셨다.

> 내가 세상에서 이 말을 하옵는 것은
> 그들로 내 기쁨을
> 그들 안에 충만히 가지게 하려 함이니이다 요 17:13

내가 원하는 것이 바로 그것이었다. 주님이 주시는 기쁨, 그러니까 만사가 형통할 때뿐만이 아니라, 항상 있는 기쁨 말이다. 예수님은 내가 주님의 기쁨을 갖도록 기도하셨는데, 무엇이 내가 그 기쁨을 끊임없이 경험하는 것을 방해한단 말인가?

나는 마태복음 25장 21절을 읽었다.

> 그 주인이 이르되 잘하였도다 착하고 충성된 종아
> 네가 적은 일에 충성하였으매 내가 많은 것을 네게 맡기리니
> 네 주인의 즐거움에 참여할지어다 하고 마 25:21

말하자면 내가 거기 참여하느냐의 문제였던 것이다. 내가 참여해야만 한다. 나에게 자동으로 주어지는 것이 아니었다.

'하지만 주님, 제가 어떻게 참여할까요?'

누가복음 6장 23절에서 예수님은 우리가 기뻐하고 뛰놀아야 한다고 말씀하신다. 심지어 예수님은 우리가 언제 기뻐하고 뛰놀아야 하는지도 설명하신다.

> 그날에 기뻐하고 뛰놀라 하늘에서 너희 상이 큼이라
> 그들의 조상들이 선지자들에게 이와 같이 하였느니라 눅 6:23

성경에 이런 말씀이 있는 줄 예전에는 미처 몰랐다.

'주님, 이런 상황에서 제가 어떻게 기뻐하고 뛰놀기를 기대하십니까?'

잘 이해가 되지는 않았지만, 성경을 읽으면 읽을수록 똑같은 내용을 말씀하는 구절을 더 많이 발견하게 되었다. 이와 관련된 법칙이라도 있는 것일까?

모든 것에 하나님께 감사하라

나는 바울이 고린도 교인들에게 보낸 두 번째 편지를 읽었다. 고린도후서 12장 9-10절에서 그는 이렇게 말한다.

> 나에게 이르시기를 내 은혜가 네게 족하도다

> 이는 내 능력이 약한 데서 온전하여짐이라 하신지라
> 그러므로 도리어 크게 기뻐함으로
> 나의 여러 약한 것들에 대하여 자랑하리니
> 이는 그리스도의 능력이 내게 머물게 하려 함이라
> 그러므로 내가 그리스도를 위하여
> 약한 것들과 능욕과 궁핍과 박해와 곤고를 기뻐하노니
> 이는 내가 약한 그때에 강함이라 **고후 12:9-10**

약한 것, 지금껏 내가 달가워하지 않았던 것이 바로 그것이었다. 나는 사람들이 내게 등 돌리는 것이 싫었다. 사고가 일어나 일이 틀어지는 것이 싫었다.

하지만 몇 번이고 계속해서 성경에서 그 표현을 발견했다.

"기뻐하라. 모든 것에 하나님께 감사하라."

시편 기자는 고난 중에도 끊임없이 기쁨을 이야기한다. 다윗은 시편 30편에서 이렇게 말한다.

> 주께서 나의 슬픔이 변하여 내게 춤이 되게 하시며
> 나의 베옷을 벗기고 기쁨으로 띠 띠우셨나이다 **시 30:11**

나도 노력해볼 의향은 있었다. 하지만 어떻게 해야 할까?

나는 네가 기쁘기를 바란다

어느 날 저녁, 기도 소모임에서 내 웃음보가 터졌다. 15분 정도 웃었는데 내가 웃는 중에 하나님이 말씀하시는 것을 느꼈다.

'예수님이 네 죄를 위해 죽으셨다는 것이 기쁘냐?'

'네, 주님. 저는 기쁩니다. 기뻐요.'

'네 죄를 위해 예수님이 죽으셨다는 것을 생각하면 기분이 좋아진다는 것이냐?'

'네, 주님. 정말 그렇습니다!'

'예수님이 너를 위해 죽으셔서 너에게 영생을 주셨다는 것을 깨달으니 행복함을 느낀다는 것이냐?'

'네, 주님. 그렇습니다!'

'예수님이 너를 위해 죽으셨다는 기쁨으로 진정 충만하기 위해 애를 쓰거나 열심히 노력해야 하는 것이냐?'

'아닙니다, 주님. 저는 기쁨으로 충만합니다.'

나는 깨달았다. 하나님은 내가 그리스도가 나를 위해 죽으셨다는 사실을 기뻐하는 것이 얼마나 쉬운 일인지 이해하기를 바라셨던 것이다.

나는 예수님이 나를 위해 하신 일로 인해 손뼉 치고 크게 웃고 감사 찬양을 드릴 수 있었다. 내 삶에 더 중요한 것은 없었다. 그 무엇도 내게 더 큰 기쁨을 줄 수 없었다.

나는 계속 웃었지만 내 안의 모든 것은 매우 고요해졌다. 마치 하나님이 이전에는 내가 미처 몰랐던 무언가를 가르쳐주시려는 듯한 느낌이었다.

그분이 말씀하셨다.

'저들이 내 아들을 데려가 그 손에 못을 박은 것이 정말로 너를 기쁘게 하는구나. 그것이 너를 정말 기쁘게 하지. 그렇지 않니? 저들이 내 아들을 데려가 그의 발에 못을 박은 것이 정말로 너를 기쁘게 하는구나. 저들이 내 아들의 옆구리를 창으로 찔러서 피가 그 몸을 타고 흘러 땅으로 떨어진 것이 너를 기쁘게 하는구나. 저들이 내 아들에게 그렇게 했기 때문에 네가 정말로 행복하고 엄청난 기쁨으로 웃을 수 있다. 그렇지 않니?'

모든 것이 아주 잠잠해졌다. 나는 어떻게 대답해야 좋을지 몰랐다.

'그 모든 일이 내 아들에게 일어났다는 것이 너를 기쁘게 하는구나. 그렇지 않니?'

한참 후에야 겨우 이렇게 말할 수 있었다.

'네, 주님. 그렇습니다. 저는 이해할 수 없지만, 아버지, 저는 기쁩니다.'

잠시 잠깐 내가 만약 엉뚱한 대답을 한 건 아닌가 고민했다. 어쩌면 내가 잘못 이해했는지도 모른다.

그때 정말 다행스럽게도 하나님의 음성이 들려왔다.

'그래, 내 아들아. 나는 네가 기쁘기를 바란다. 나는 네가 기쁘기를 바란단다!'

나는 계속 웃었다. 하나님이 내가 기쁘기를 원하신다는 것을 깨닫자 내 안의 기쁨은 더욱 커졌다. 그러자 모든 것이 또다시 고요해졌다. 나는 이제 무언가를 배울 차례인 것을 깨달았다.

'자, 내 아들아. 잘 들어라. 앞으로 네 삶에 일어나는 일 중에 저들이 내 아들에게 했던 것보다 덜 힘든 일이 일어나면 나는 네가 그저 기뻐하기를 바란다. 내가 처음 너에게 그리스도가 너를 위해 죽으신 것이 기쁘냐고 물었을 때 네가 대답했던 것처럼 말이다.'

내가 말했다.

'네, 주님. 잘 알겠습니다. 앞으로 남은 삶을 감사하며 살겠습니다. 하나님이 제 삶에 허락하시는 모든 것에 대해 하나님을 찬양하고 기뻐하고 찬송하고 웃고 소리치며 기쁨으로 충만하겠습니다.'

바로 그 순간엔 기뻐하기로 약속하기가 쉬웠다. 나는 한참 기도하며 놀라운 시간을 보내고 있었다. 기쁨이 마치 시냇물처럼 내 위로, 나를 통해 흐르고 있었다.

모든 것에서 기뻐한다는 것의 의미

다음 날 아침, 침대 가에 앉아 있을 때 어떤 목소리가 들렸다.

'지금 무얼 하고 있느냐?'

'일어나고 싶지 않다고 생각하면서 앉아 있습니다.'

'어젯밤에 우리가 합의한 줄 알았는데.'

'하지만 주님, 이런 뜻인 줄 몰랐는데요!'

'내가 모든 것에서라고 했던 말을 잘 생각해봐라.'

내가 말했다.

'주님, 솔직하게 말씀드릴게요. 저는 20년 동안 매일 아침 침대 가에 앉아서 일어나고 싶지 않다고 생각해왔습니다. 5분만 더 누워 있을 수 있다면 얼마나 좋을까 생각해왔다고요.'

하지만 성령님은 이렇게 말씀하셨다.

'너는 지금이 일어나야 할 시간이라는 걸 감사해야 한다.'

'주님! 그건 제가 이해하기엔 조금 무리인 것 같아요.'

주님은 언제나 오래 참으시고 인자하시다.

'너는 기꺼이 일찍 일어날 의지가 있느냐?'

'네, 주님. 그렇습니다.'

그날 밤, 나는 잠자리에 들며 이렇게 기도했다.

'주님, 이건 어려운 일입니다. 주님이 저를 위해 해주셔야 하는 일입니다. 주님이 일어나라고 하시면 언제든 일어나겠습니다만, 일어날 시간이 됐다는 사실에 감사할 수 있을지는 모르

겠습니다.'

　내 귀에 들려온 건 이런 말씀뿐이었다.

'너에게 의지는 있는 것이냐?'

'네, 주님. 그렇습니다.'

　다음 날 아침에 눈을 떴을 때 내 머릿속에 가장 먼저 떠오른 것은 오른쪽 엄지발가락이었다. 이런 소리가 들렸다.

'그것을 움직일 수 있나 보아라.'

움직일 수 있었다.

'엄지발가락을 움직일 수 있어서 감사하느냐?'

'네, 주님.'

'이제 발목을 움직여봐라. 감사하느냐?'

'네, 주님.'

'그렇다면 무릎을 움직여봐라. 감사하느냐?'

'네, 주님.'

'이제 일어나 앉을 수 있는지 봐라.'

'네, 주님. 앉을 수 있습니다. 그런데 솔직히 말씀드리자면, 저는 다시 누워 잠을 잘 수 있으면 좋겠습니다.'

　매우 참을성 있게 주님이 말씀하셨다.

'일어설 수 있는지 봐라. 감사하느냐? 이제 욕실까지 걸어갈 수 있는지 봐라. 거울을 보아라. 볼 수 있다는 것에 감사하느냐?'

'할렐루야!'
'네가 듣고 말할 수 있다는 것이 기쁘냐?'
'네, 주님.'

그러자 사방이 쥐 죽은 듯 고요해졌다. 나는 그 침묵 가운데서 하나님으로부터 중요한 것을 배워야 한다는 것을 또다시 깨달았다.

'내 아들아, 내가 너를 사랑하므로 범사에 감사하는 법을 너에게 가르쳐주겠다. 너는 네가 감사해하는 모든 것을 기억하고, 거기 서서 교훈을 얻을 수 있다. 아니면 내가 너를 다시 침대로 보내서 네가 깨달을 때까지 움직이지도, 보지도, 듣지도 못하게 할 수도 있다.'

나는 펄쩍 뛰며 이렇게 말했다.

'주님, 알겠습니다! 감사합니다! 항상 감사하겠습니다!'

다음 날 아침, 그리고 그다음, 또 그다음 아침에도 눈을 뜨면 가장 먼저 이런 생각이 들었다.

'주님, 감사합니다.'

이후로는 아침에 일어나는 것을 싫어한 적이 없었다.

바울은 이렇게 말했다.

도리어 크게 기뻐함으로
나의 여러 약한 것들에 대하여 자랑하리니

이는 그리스도의 능력이 내게 머물게 하려 함이라 고후 12:9

아침 일찍 일어나는 것이 나의 약함이었던 것이다. 하나님은 내게 그 연약함을 취하여 고통에서 기쁨으로 바꾸라고 말씀하셨고, 그렇게 하자 그리스도의 능력과 기쁨이 나에게 찾아왔다.

범사에 기뻐하는 방법, 완전한 신뢰

나는 이 깨달음을 다른 사람들과 나누고 싶어 견딜 수 없었지만, 성령님은 안 된다고 하셨다. 우선 나는 모든 어려운 상황을 기쁨으로 바꾸는 방법을 의심의 여지 없이 스스로 깨달아야 했다.

나는 데살로니가전서 5장 16-18절 말씀을 암송하고 몇 번이고 혼잣말로 되뇌었다.

> 항상 기뻐하라 쉬지 말고 기도하라 범사에 감사하라
> 이것이 그리스도 예수 안에서 너희를 향하신 하나님의 뜻이니라
> 살전 5:16-18

어느 날, 운전하는 도중 신호등에 가까워졌을 때 노란불이

들어왔다. 나는 간신히 신호를 통과했고 법적으로는 아무 문제가 없었다. 그리고 나니 얼굴에 감사의 미소가 떠올랐다. 그런데 그때, 나는 하나님이 임재하셔서 이렇게 말씀하시는 것을 느꼈다.

'잠깐 정지!'

그래서 나는 미소를 띤 채 얼어붙었다.

'무엇이 그렇게 행복하냐?'

'주님, 신호에 걸리지 않아서 감사합니다.'

'신호등이 좀 더 빨리 바뀌었다면 어떠했겠느냐, 그래서 네가 멈춰야만 했다면?'

'주님, 그랬다면 분명 제가 지나갈 때까지 신호가 바뀌지 않았으면 좋았겠다고 투덜댔겠죠.'

'신호등을 내가 통제한다는 걸 모르느냐? 온 우주와 시간도 내가 통제한다는 걸? 이다음에 신호등이 빨간불로 바뀌거든 감사해야 한다. 신호등을 빨간불로 바꾼 게 나라는 걸 네가 알게 될 테니까.'

그다음 번에 신호등이 빨간불로 바뀌자 나는 차를 멈추고 그 시간에 내가 무엇을 하기 원하시는지 하나님께 여쭈어보았다.

'길을 건너는 저 남자가 보이느냐? 저 남자에게 네 기도가 절실히 필요하다. 앉은 자리에서 저 남자를 위해 기도해라.'

우리는 하나님을 믿는다고 말한다. 하지만 하나님이 우리 삶의 아주 사소한 부분까지 통제하신다는 걸 정말 믿고 있을까? 아니면 하나님이 더 중요한 업무 때문에 자리를 비우셨다고 생각하고 있을까?

예수님은 하나님이 우리 머리카락 수도 헤아리신다고 말씀하셨다. 그렇다면 우리는 하나님이 우리 삶의 모든 사소한 부분에 우리 자신보다 더 밀접하게 간섭하고 계신다는 것을 왜 믿지 못하는가? 나는 정말로 내 머리에 머리카락이 몇 개나 있는지 모른다!

하나님은 하나님을 사랑하는 자들을 위해 모든 것을 통제하시고 모든 것이 합력하여 선을 이루게 하신다(롬 8:28).

나는 하나님을 좀 더 신뢰하기 시작했지만, 사탄은 어떻게 해야 하는가? 사탄이 하나님의 뜻에 반하여 우리 안에 숨어들어와 우리를 공격할 수 있지 않은가?

하나님은 사탄이 유다에게로 들어가 하나님의 아들을 배반하도록 허락하셨다. 하나님은 사탄이 베드로를 나약하게 만들어 예수님을 모른다고 부인하도록 허락하셨다. 하나님은 사탄이 사람들 마음속에 들어가 음모와 계략으로 예수님을 십자가에 못 박도록 허락하셨다.

하나님은 언제든 그들을 멈추게 하실 수 있었다. 수많은 천사를 보내어 사탄의 계획을 완전히 제거하실 수도 있었다. 하지만 그러지 않으셨다. 모든 죄악과 고통이 예수님을 거쳐야만 순전한 기쁨과 찬양과 승리가 된다는 것을 하나님은 알고 계셨기 때문이다.

하나님의 허락을 먼저 받지 않고는 사탄은 우리에게 아무것도 할 수 없다. 사탄이 욥을 시험하도록 하나님이 허락하셨던 것을 기억하자. 하나님이 사탄에게 허락하시는 유일한 경우는, 그분이 우리를 거쳐 기쁨, 순전한 기쁨으로 나오는 것들에서 엄청난 잠재력을 보실 때뿐이다!

우리가 이를 깨닫기 시작할 때 하나님이 우리 삶을 축복하실 수 있다. 부활하신 그리스도의 능력이 우리 안에 있다.

기적, 능력, 승리 이 모두는 우리가 범사에 기뻐하는 방법을 깨달을 때 하나님이 우리 삶에 행하시는 일의 일부가 될 것이다.

시동이 걸리지 않아서 감사합니다

어느 날 아침, 출근하려고 차에 올랐는데 시동이 걸리지 않았다. 군대에서 지각이란, 사유를 불문하고 있을 수 없는 일이었다.

'그래요, 주님. 저 여기 있습니다. 제게 중요한 교훈을 가르쳐주시려 하는 것 같은데, 시동이 걸리지 않아서 감사합니다.'

잠시 후에 누군가 나타나 시동 거는 것을 도와주었다.

다음 날에도 똑같은 일이 벌어졌다.

'감사합니다, 주님. 제가 여기 앉아 있어야 할 근사한 이유가 주님께 있으니 저는 기쁨에 겨워 주님을 찬양하겠습니다.'

이번에도 시동을 걸 수 있었다.

그날 오후에 군 정비소로 차를 가져가 담당자에게 문제를 설명했다. 그가 말했다.

"목사님께는 죄송합니다만, 이런 종류의 자동차 수리를 담당하는 직원이 심장마비를 일으켜 병원에 있습니다. 이런 말씀 드리고 싶지 않습니다만 민간 정비소로 차를 가져가셔야 합니다."

이렇게 말하는 그의 얼굴에 고통스러운 표정이 역력했다.

"목사님, 그 사람들이 우리 직원이 아프다는 걸 알아서 목사님께 함부로 대할 겁니다. 제가 그쪽으로 보낸 사람들한테 다 그랬으니까요."

민간 정비소로 차를 몰고 가는데 내 귀에 속삭이는 목소리가 들렸다.

'그 민간인들이 우리 군인을 이용해 먹으려 한다니 기분 나쁘지 않니?'

나는 그 생각을 원래 있던 곳으로 밀어 넣고는, 나 개인의 유익을 위해 이 모든 상황을 만드신 주님께 계속 감사했다.

'주님, 주님이 이 상황 가운데 계심을 믿고 그런 주님을 찬양

합니다.'

정비소로 들어가자, 담당자가 손에 메모장을 들고 다가와서는 눈을 반짝이며 물었다.

"선생님, 어떻게 오셨습니까?"

내가 문제를 설명하자 그는 '문제일 수도 있는' 것들의 목록을 읊더니 이렇게 말했다.

"그 부분은 여기서 고칠 수 없어서 다른 정비소로 보내야 할 겁니다. 그런데 그게 문제가 아닐 수도 있어서 뭔가 다른 조치를 해야 할지도 모르고요. 그게 몇 가지가 될 수도 있는데 뭐가 문제인지 찾아낼 때까지 계속 살펴보겠습니다."

"얼마나 걸리겠습니까?"

그가 미소를 지으며 말했다.

"죄송합니다만 선생님. 저도 잘 모릅니다. 상황에 따라 다르니까요."

금전등록기 두드리는 소리가 들리는 것만 같았다.

"수리비는 얼마나 될까요?"

"죄송합니다, 선생님. 얼마가 될지 저도 잘 모르겠습니다."

군 정비소가 옳았다. 이들은 할 수 있는 한 나를 탈탈 털 작정이었다.

'주님, 감사합니다. 이런 일이 생긴 타당한 이유가 주님께 있습니다.'

나는 다음 날 아침에 차를 다시 가져와 그들이 고장 난 부분을 찾아 수리할 때까지 그곳에 맡기기로 했다.

그리고 나서 힘겹게 자동차 시동을 걸었다. 기어를 넣고 앞으로 움직이려고 하던 바로 그때 담당자가 재빨리 걸어와 내 팔을 붙잡았다.

"잠깐만요! 뭐가 문제인지 방금 떠올랐습니다. 시동을 끄세요!"

그는 이렇게 말하며 자동차 덮개를 열더니 드라이버로 여기저기를 찔러보기 시작했다. 몇 분 뒤에 그가 말했다.

"자, 이제 시동이 걸리는지 한번 해보시죠."

내가 시동 장치를 밟자 마치 새것처럼 엔진이 부르릉 소리를 냈다.

"좋습니다! 얼마를 드리면 될까요?"

"안 주셔도 됩니다, 선생님. 제가 고쳐드릴 수 있어 좋네요."

그때 주님이 다시 내 마음에 말씀하셨다.

'내 아들아, 나는 누구든지 너에게 바가지를 씌우거나 상처를 주거나 홀대하더라도 그것이 나의 뜻이 아닌 이상 네가 다시는 염려할 필요가 없다는 것을 네가 알기 원했다. 네 인생은 내 손안에 있어서 너는 모든 일에 나를 신뢰하면 된다. 네가 앞으로 모든 상황에서 나에게 감사한다면 내가 네 삶의 모든

사소한 부분까지 완벽하게 해결하는 것을 보게 될 것이다.'

'주님, 할렐루야!'

나는 너무 기뻐서 운전석에 앉은 채 들썩거렸다.

'감사합니다, 주님! 이 모든 놀라운 일을 저에게 보여주셔서 감사합니다!'

투덜대는 것은 전혀 유익이 없다

나는 기뻐하며 깨달았다. 내가 만약 모든 상황에 투덜대며 불평했다면 나에게는 아무런 이득이 없었을 것이다. 하나님이 나를 얼마나 사랑하시는지를 알려주실 기회를 내가 얼마나 많이 흘려보냈던가!

우리 대부분은 이런 기회를 무거운 짐처럼 지고 다니지만, 하나님은 그리스도를 통해 이 모든 것이 우리를 거쳐 기쁨이 되어 나올 때 그것들이 완전히 변화되게 하셨다!

하나님이 바로 지금 이 순간에 우리 마음을 넘치는 기쁨으로 채우기 원하신다는 사실을 아는 것은 얼마나 영광스러운 일인가!

우리의 선함이나 의로움이나 희생 때문이 아니다. 그것은 단 한 가지, 구주 예수님을 믿는 것에 달려 있다. 그것을 믿는다면, 내가 앉아 있는 의자가 부서지더라도 그것은 하나님의 뜻이다. 커피가 너무 뜨겁다거나 토스트가 눅눅해도 그것은 하나님의 뜻이다.

우리가 그것을 진심으로 믿기 시작하면 하나님의 능력이 우리 삶의 모든 부분에 나타나기 시작할 것이다. 예수님이 우리에게 말씀하고자 하셨던 것이 바로 이것이다.

"저들이 너희를 핍박할 때도, 가난할 때도, 슬플 때도 기뻐하고 즐거워하라."

두통을 주셔서 감사합니다

나는 오랜 세월 끔찍한 두통으로 고생했다. 나는 그것에 대해 불평은 거의 하지 않았고, 그저 다른 사람들만큼 심각하지 않기에 하나님께 감사했다. 어느 날 하나님이 말씀하셨다.

'내가 두통을 준 것에 대해 감사해보는 건 어떻겠느냐?'

'두통을 주신 것에 대해서요?'

'그래, 그것에 대해서.'

나는 내 삶 가운데 그리스도의 능력을 배가할 기회로 하나님이 이런 두통을 주셨다는 감사의 마음으로 생각을 가다듬기 시작했다. 두통은 점점 심해졌다. 나는 계속해서 하나님께 감사했지만, 찬양하면 할수록 고통은 커져만 갔다. 사탄과 그리스도의 영이 싸우고 계신 것 같았다.

그렇게 고통은 견뎌낼 수 없는 지경에 이르렀는데도 나는 찬양하고 감사하는 생각에만 매달렸다. 갑자기 내게 기쁨이 넘쳐흐르고 있었다. 마치 내 몸의 모든 세포에 기쁨을 들이붓는 듯했다. 그런 기쁨의 능력을 경험해본 적이 없었다! 한 걸음만 내디뎌도 하늘 높이 날아오를 수 있다는 확신이 들었다. 그러자 두통이 완전히 사라졌다!

나의 약한 것을 찬양합니다

약 15년 동안, 나는 매년 6개월 이상 꽃가루 알레르기로 고통받았다. 몇 주 동안은 증상이 너무 심해서 재채기와 기침을 했고 하루 종일 코에 손수건을 대고 있었다. 주사를 맞고, 이 약 저 약 다 써보고, 기도하고, 금식하고, 기도를 좀 더 했다. 내가 직접 알거나 한 다리 건너 아는 사람 중에 나를 위해 기도해줄 만한 사람은 모조리 찾아다녔지만 아무 소용 없었다.

하나님은 왜 내가 아프도록 내버려두실까? 내가 이렇게 비참함을 느끼는데 하나님은 관심도 없으신가?

동료 군종장교 커리 본은 하나님이 나를 고치실 것을 믿어야 한다고 말했다. 나는 알레르기 증상이 나타날 때면 커리를 만나기를 꺼렸는데 그가 계속 나에게 믿어야 한다고 입버릇처럼 말했기 때문이다. 나는 15년 동안 믿으려고 애썼지만, 더 이상 내가 무엇을 할 수 있을지 알 수 없었다.

어느 날 나는 그 지역 감리교회 교인들의 오찬 모임에서 설교를 하기로 되어 있었다. 콜럼버스로 운전해 가고 있는데 콧물이 쏟아지기 시작하더니 재채기가 심해져 운전을 계속하기가 어려웠다. 그때 이런 생각이 들었다.

'나를 찬양하거라!'

나는 이런 육신의 연약함을 겪게 하시는 하나님이 얼마나 좋은 분인지 생각하기 시작했다. 나에게 중요한 것을 가르치시기 위해 하나님은 그런 약함을 허락하신 것이다. 내가 수없이 많은 알레르기를 갖고 있는 것은 우연이 아니다. 하나님은 하나님의 영광과 나의 유익을 위해 이런 계획을 세우셨다.

'주님, 주님의 선하심에 감사합니다. 저에게 알레르기가 있는 것이 주님의 뜻이라면 주님이 원하실 때 언제든 저를 치유하실 거라 믿겠습니다.'

'내가 무엇을 해주길 바라느냐?'

'저를 고쳐주십시오, 주님.'

'너를 고쳐달라는 거냐, 아니면 증상이 사라지게 해달라는 것이냐?'

'그게 그거 아닙니까, 주님?'

'아니, 그렇지 않다.'

'좋습니다, 주님. 저를 고쳐주시기만 한다면 증상은 절대 신경 쓰지 않겠습니다.'

그 일을 통해 나는 하나님이 나에게 새롭고 놀라운 무언가를 보여주셨음을 깨달았다. 과거 내가 고침을 받고자 기도하고 그것을 믿으려 했을 때는 증상이 가시지 않으면 언제나 좌절했다. 하지만 이제 나는 증상이 아무 의미도 없음을 깨달았다. 하나님의 약속에 대한 믿음만이 나에게 필요한 것이었다. 그래서 사탄은 그가 원하는 모든 증상을 꾸며낼 수 있었던 것이다!

모임 장소에 다다라서도 코에선 수도꼭지처럼 콧물이 계속 흘렀고 주체할 수 없이 재채기를 해댔다.

'주님, 저를 바보로 만들기 원하신다면 기꺼이 바보가 되겠습니다. 제 손수건은 여기 차에 두고 하나님을 위해 설교하러 들어가겠습니다.'

교회를 향해 걸어가노라니 기분이 한결 나아지기 시작했다. 모임이 끝났을 때는 꽃가루 알레르기 증상이 없어졌다는 것을 깨달았다.

하나님이 이미 고치셨습니다

하루 이틀이 지나도 증상이 없었다. 그러던 어느 저녁, 기도 모임에 갈 준비를 하고 있는데 콧물이 나기 시작했다.

나는 생각했다.

'주님, 기도 모임에 못 가겠습니다. 그 자매님들은 제가 뭔가 잘못했다고 생각할 것이고 주님은 저의 믿음을 빼앗아 가셨습니다. 그분들이 저를 둘러싸고는 제가 믿어야 하나님이 저를 고쳐주실 거라고 다그칠 겁니다. 하지만 주님, 주님이 이미 저를 고쳐주셨음을 알기에 이런 증상에도 주님께 감사합니다.'

기도 모임에서 한 자매가 나에게 믿음을 가지라고 강권하기 시작했다.

"하지만 하나님은 이미 저를 고치셨습니다."

내가 주장했다.

"그렇다면 왜 코를 훌쩍거리시나요?"

"모르겠습니다. 하지만 하나님은 아십니다. 저는 그저 하나님을 찬양할 뿐입니다."

집으로 돌아오는 내내 나는 하나님이 원하시는 대로 내 삶을 운행하심에 계속 감사했다. 만약 하나님이 사탄이 나를 몇 번 핥아보도록 내버려두신다면 그분에게는 분명 합당한 이유가 있을 것이다. 하나님은 나를 위해 하나님의 아들이 고난을 당하도록 허락하셨다.

'아들아?'

'네, 주님.'

'너는 믿음을 지켰다. 네 유익을 위해 필요하지 않은 한, 앞

으로는 단 한 가지 증상도 겪지 않을 것이다.'

또 한 번 나는 운전석에 앉은 채로 들썩였다. 이후로는 똑같은 증상을 고침받고자 두 번 기도하는 일은 절대 없었다. 하나님은 말씀하신다.

> 지금까지는 너희가 내 이름으로
> 아무것도 구하지 아니하였으나
> 구하라 그리하면 받으리니
> 너희 기쁨이 충만하리라 요 16:24

어느 곳엘 가든지
이제는 내가 발견한 찬양의 능력을 나누곤 했다.
나는 찬양이 예배나 기도의 한 가지 형태일 뿐만 아니라
영적 전쟁을 치르는 한 가지 방법임을 깨닫기 시작했다.

Prison to Praise

　찬양의 능력을 발견한 것은 내 인생에서 가장 흥미로운 경험 중 하나였다. 하지만 내가 누군가와 이 경험을 나누기 원할 때마다 하나님이 이렇게 말씀하시는 것 같았다.
　'기다려라. 지금은 때가 아니다.'
　론이 자기 문제를 상의하려고 나를 찾아왔을 때 그의 모습은 비참함과 절망 그 자체였다.
　"목사님, 저를 좀 도와주서야겠습니다. 제가 징집되었을 때 아내는 자살을 시도했었습니다. 이제 베트남 파병 명령을 받았는데, 아내는 제가 가면 죽어버리겠답니다. 제가 어떻게 해야 할까요?"
　론은 변호사였고 변호사협회 회원이었지만, 징집되어 이등병으로 군에 입대하게 되었다. 그는 지금 완전히 제정신이 아니라서 아내와의 문제를 해결할 수 없었다.

"론, 아내를 데려와서 저와 만나게 해주세요. 그러면 제가 뭘 할 수 있는지 찾아보겠습니다."

론의 아내 수도 비참한 모습 그 자체였다. 몸은 허약해서 부서질 듯한 그녀는, 머리부터 발끝까지 부들부들 떨면서 의자 끝에 앉아 있었다. 주체할 수 없는 눈물이 그녀의 얼굴을 따라 흘러내렸다.

"목사님, 저는 두렵습니다. 저는 남편 없이는 못 살아요."

수의 목소리는 너무 작아서 들릴락 말락 했다.

수를 보고 있노라니 불쌍한 마음이 파도처럼 밀려와 내 눈에 눈물이 맺혔다. 나는 수의 사연을 잘 알고 있었다. 그녀는 아기일 때 입양되었지만 입양 가족과 소원해져서 남편 말고는 의지할 곳이 없었다. 두 사람은 서로 무척 사랑하고 있었고, 론이 베트남으로 가버리면 수는 낯선 마을의 셋방에 홀로 남겨질 것이었다.

감사하라니, 말도 안 돼요

나는 수를 위로할 지혜를 달라고 조용히 기도했다.

'수에게 감사하라고 말해라.'

나는 믿을 수 없어 고개를 저었다. 내가 잘못 들은 것이 분명했다.

'수에게요?'

'그래, 수에게 감사의 마음을 나누기 시작해보아라!'

눈물범벅이 된 수의 얼굴을 바라보고 있자니 마음이 무거웠다.

'알겠습니다, 주님. 주님만 신뢰하겠습니다.'

"수, 이렇게 와줘서 고마워요."

느껴지지도 않는 확신에 찬 미소를 지으며 내가 말했다.

"걱정할 것 하나도 없어요. 다 잘될 겁니다."

수는 몸을 곧게 펴고 눈물을 닦더니 떨리는 미소를 희미하게 지어보였다.

나는 말을 이었다.

"여기서 나와 함께 무릎을 꿇고 남편이 베트남에 가게 된 것을 하나님께 감사하면 좋겠어요."

수는 못 믿겠다는 듯 멍한 표정으로 나를 바라봤다. 나는 고개를 끄덕였다.

"맞아요, 당신이 하나님께 감사했으면 좋겠어요."

수는 곧바로 거의 히스테리에 가까운 울음을 터뜨리기 시작했다. 나는 최선을 다해 그녀를 달래면서 지난 두 달 동안 내가 신뢰하는 법을 배웠던 말씀을 성경에서 찾아 읽어주기 시작했다.

범사에 감사하라
이것이 그리스도 예수 안에서 너희를 향하신
하나님의 뜻이니라 살전 5:18

나는 내가 사실로 깨달은 놀라운 진리를 보여주려 조심스레 노력했다.

아무것도 도움이 되지 않는 것 같았다. 수는 하나님과 그리스도를 믿었지만, 절망에 빠진 상태에서 그녀의 믿음은 아무런 위안이 되지 못했다. 결국 수는 기쁨은커녕 마음의 평안도 찾지 못한 채 눈물을 흘리며 사무실을 떠났다.

하나님이 일하고 계신다

'주님, 제가 주님의 말씀을 완전히 오해한 것입니까? 수는 조금도 도움을 받지 못했습니다.'

'아들아, 조금만 기다려라. 내가 일하고 있다.'

그다음 날, 론이 사무실에 찾아왔다.

"목사님, 수에게 뭐라고 말씀하셨습니까? 아내는 전보다 더 나빠졌습니다."

"저는 수가 가진 문제에 대한 해결책을 말해주었는데, 이제 당신에게도 이야기하겠습니다. 무릎을 꿇고 하나님께 감사하기를 바랍니다. 당신이 베트남에 가게 된 것과 수가 혼란에 빠져 자살하겠다고 위협하는 것에 대해서요."

론도 내 말뜻을 이해하지 못했다. 우리는 주의 깊게 성경을 읽어나갔다.

"…이것이 그리스도 예수 안에서 너희를 향하신 하나님의 뜻이니라."

"아내가 이해하지 못하는 이유를 이제 알겠습니다. 저 또한 이해할 수가 없습니다."

론은 이렇게 말하고 떠났다.

이틀 후에 두 사람이 다시 찾아왔다.

"목사님, 저희는 정말 절박합니다. 제발 좀 저희를 도와주세요."

그들은 군종장교인 내가 론이 다른 임무를 받을 수 있도록 탄원해주기를 기대하고 있었다.

나는 하나님이 허락하신 유일한 해결책을 또다시 두 사람에게 설명했다.

우리가 알거니와 하나님을 사랑하는 자
곧 그의 뜻대로 부르심을 입은 자들에게는
모든 것이 합력하여 선을 이루느니라 **롬 8:28**

"하나님이 두 분에게 가장 좋은 방법으로 이 일을 해결하실 것을 두 분이 믿을 수 있다면, 두 분은 하나님을 신뢰하고 그분께 감사하기만 하면 됩니다. 상황이 어떻든지 관계 없이 말입니다."

론과 수는 서로 바라보았다.

"여보, 우리가 잃을 게 뭐가 있겠어?"

론이 말했다. 우리는 무릎을 꿇었고 수가 이렇게 기도했다.

"주님, 론이 베트남으로 가게 된 것에 감사합니다. 그건 하나님의 뜻이 분명합니다. 저는 정말 이해할 수 없지만 노력해보겠습니다."

론도 기도했다.

"주님, 저에게는 너무나 이상한 일이지만 주님을 신뢰합니다. 제가 베트남에 가게 된 것과 아내가 혼란스러워하는 것을 감사합니다. 아내가 자해할지도 모르지만 감사합니다."

론과 수도 나만큼이나 납득하지 못했다는 느낌이 들었지만 두 사람이 노력하고 있다는 사실에 나는 주님께 감사했다.

그렇게 두 사람은 사무실을 떠났고, 나중에 무슨 일이 있었는지 듣게 되었다.

감사할 때 벌어진 일

론과 수는 교회에 들어가서 강단 앞에 함께 무릎을 꿇었다. 거기서 그들은 그 어느 때보다도 절절한 헌신 가운데 자신의 삶과 서로를 하나님께 드렸고, 그제야 수는 기도할 힘을 얻었다.

"하나님, 론을 베트남에 가게 하셔서 감사합니다. 제가 론을 얼마나 그리워할지 하나님은 아십니다. 저에게 아버지나 어머니, 형제나 자매, 그 어떤 피붙이도 없다는 것도 하나님은 아십니다. 주님, 주님만 신뢰합니다."

론이 기도했다.

"하나님, 정말 감사합니다. 하나님께 아내를 맡깁니다. 아내는 주님의 것이며 저는 하나님이 아내를 보살펴주실 것을 믿습니다."

그렇게 기도하고 두 사람은 강단에서 일어섰다. 론은 예배실을 지나 부대 쪽으로 향했고 수는 내 사무실 옆에 있는 대기실로 돌아왔다. 그녀는 조용히 앉아서 생각을 정리하고 싶었다.

수가 거기에 앉아 있는 사이, 한 젊은 병사가 들어와 군종장교를 찾았다. 수는 그에게 내가 바쁘다고 말하고는 이렇게 제안했다.

"잠시 기다리시면 제가 목사님께 가서 당신이 여기 왔다고 말씀드릴게요."

"그러면 기다리고 있겠습니다."

젊은 병사가 대답했다. 그의 얼굴에서 고민을 읽은 수가 이렇게 물었다.

"무슨 문제라도 있나요?"

"아내가 이혼하자고 합니다."

수는 고개를 저었다.

"그럼 저 목사님을 뵙는 건 별 도움이 되지 않을 거예요."

수가 이렇게 말했지만 병사는 쉽사리 뜻을 굽히지 않았다. 두 사람이 기다리는 동안 그는 지갑을 꺼내 수에게 아내와 아이들 사진을 보여주기 시작했다. 그가 다음 사진을 넘겼을 때 수는 깜짝 놀라 소리를 질렀다.

"이분은 누구시죠?"

"제 어머니입니다."

"이분은 제 어머니인데요!"

수가 흥분으로 벌벌 떨며 말했다.

"그럴 리가요. 저는 누나가 없습니다."

병사가 대답했다.

"맞아요. 틀림없어요!"

"왜 그렇게 생각하십니까?"

"어렸을 때 부모님 책상에서 제 입양 서류를 우연히 발견했어요. 오른쪽 상단 모서리에 친모 사진이 붙어 있었죠. 이분이었어요. 같은 분이라고요."

사실이었다.

더 조사해 보니, 수는 태어나기도 전에 입양이 예정되어 있었고 수의 생모는 수를 본 적도 없었다는 것이 밝혀졌다. 생모는 수가 어디로 갔는지 알지 못했고 수가 태어난 이후로 아무 소식도 듣지 못했다.

이제 수에게는 친남동생이 생겼고, 그와 함께 온전한 가족을 되찾았다.

이것이 과연 우연의 일치일까? 미국에는 2억 명이 넘는 사람들이 살고 있다. 수가 가족이 없고 외로워도 하나님을 찬양하겠다고 언약을 맺자마자 그 특정 병사가 내 사무실 문으로 걸어들어올 확률이 얼마나 되겠는가?

그러나 그게 끝이 아니었다. 론은 부대로 복귀하는 길에 로스쿨을 함께 다녔던 옛 친구를 우연히 만났다. 그는 현재 법무관이었다.

"안녕, 친구. 어디 가는 길이야?"

론을 만난 친구가 물었다.

"하나님을 찬양하세, 난 베트남으로 간다네."

론이 대답했다. 둘은 이야기를 좀 더 나누었고 친구는 론에게 부서 이동을 신청하면 법률 사무소에서 함께 근무할 수 있다고 설득했다.

론과 수는 헤어지지 않아도 되었다. 그리고 수는 론을 잃을지 모른다는 두려움으로 론에게 집착할 필요가 없어졌다. 그녀는 예수 그리스도 안에서 기쁨에 찬 확신을 갖게 되었고, 여기저기로 다니며 예수님을 찬양했다.

이혼할 위기지만, 감사합니다

그 이후에 한 장교 후보생이 내 사무실로 찾아왔다. 그는 눈물을 참지 않고 오랫동안 울었다.

"목사님, 저를 꼭 도와주서야 합니다. 아내가 계속 이혼을 요구합니다. 조금 전에 아내의 변호사가 서명하라며 서류를 보냈습니다. 저는 장교 후보생 프로그램을 더 이상 계속할 수 없습니다. 군대에 계속 있고 싶지도 않습니다. 저 좀 도와주십시오."

"귀관의 문제를 어떻게 해결할 수 있는지 저는 압니다. 무릎을 꿇고 귀관의 아내가 이혼을 요구하는 것을 하나님께 감사하십시오."

수와 론처럼 그 역시 잘 이해하지 못했다. 우리는 신중하게 성경 말씀을 함께 읽어나갔다. 마침내 그는 시도라도 해보는 게 좋겠다고 결심했다. 우리는 함께 무릎을 꿇었고 그는 모든 상황을 하나님께 맡기면서 그런 일이 일어나게 하신 하나님께 감사하는 기도를 드렸다.

그가 부대에 복귀했을 때 정서적으로 너무나 불안정했기 때문에 부대에서는 남은 하루를 휴가로 주었다. 그는 침대에 누워 계속 되뇌었다.

"아내가 이혼을 원하게 하신 주님, 감사합니다. 저는 정말 이해할 수 없지만 성경 말씀에 범사에 감사하라 하셨으니 감사하겠습니다."

하루 종일 그는 똑같은 생각을 몇 번이고 계속했다. 그날 밤, 잠을 이룰 수 없었던 그는 하나님께 계속 감사했다. 그다음 날, 그는 멍한 상태로 훈련을 받았다.

"주님, 제가 이해하지 못한다는 걸 아시겠지만 어쨌든 감사합니다."

그날 저녁 그는 식당에 앉아 저녁 식사를 하고 있었다. 식사하는 도중 갑자기 이런 생각이 스쳤다.

"주님, 주님은 저에게 더 좋은 것이 무엇인지, 제가 아는 것보다 더, 정말로 잘 아시는 것이 분명합니다. 이 모든 일이 주님의 뜻임을 압니다. 주님, 감사합니다. 이제야 알겠습니다!"

바로 그때 또 다른 장교 후보생이 그의 어깨를 두드리더니 전화를 받으러 가라고 말했다.

그가 장교 후보생으로 지낸 몇 주간 동안 그에게 전화를 걸어온 사람은 아무도 없었다.

그가 수화기를 들자 반대쪽에서 누군가 흐느끼고 있었다.

"여보, 용서해줄래요? 난 이혼하고 싶지 않아요!"

애써 감사하자 기쁨이 가득 찼다

한 여성이 내키지 않는 듯 나를 만나러 왔다. 친구 하나가 그녀를 사무실 안으로 거의 끌고 들어오다시피 했다. 그녀는 나에게 자신이 진지하게 자살을 고려해왔다고 말했지만, 그런 이야기를 한들 아무 소용이 없을 것 같다고 했다.

그 여성은 서서히 자세한 사정을 들려주었다. 그녀의 남편은 다른 여성에게서 사생아를 낳았다. 아이는 남편의 부모가 키우고 있었다.

그녀는 시부모님을 찾아갈 때마다 그 아이를 보게 되었다. 설상가상으로 대개 그 아이의 어머니도 동시에 만나곤 했다. 가정이 경제적 어려움을 겪고 있음에도 불구하고 남편은 자기 사생아를 돌보는 부모에게 돈을 보내고 있었다. 그녀는 더 이상 이 끝없는 고통을 안고 살아갈 수 없었다.

"걱정하지 마십시오. 그러실 필요 없습니다. 문제를 해결할 방법이 있으니까요."

내가 말했다. 여성은 조금 놀란 듯 나를 바라보았다.

"어떤 방법이요?"

"여기서 함께 무릎을 꿇고 부인의 남편이 이 아이를 갖게 된 것을 감사합시다."

이번에도 나는 범사에 하나님께 감사하라는 성경 말씀을 읽었다.

한참 후에야 그녀는 눈물을 닦으며 한번 시도해보겠노라고 했다. 우리는 기도했고, 그녀는 자기 삶의 문제를 하나님께 맡기겠다고 결심하고 사무실을 떠났다.

다음 날 아침, 나는 그녀의 안부를 물으러 전화를 걸었다.

"놀라워요!"

"부인 말씀이십니까?"

"네, 목사님. 오늘 아침에 기쁨으로 가득 차서 일어났어요!"

"어떻게 된 일이죠?"

"어제 집에 돌아와서 생각하기 시작했어요. 남편에게 자식이 있음을 감사하는 마음으로 뭘 할 수 있을까 하고요. 제가 정말로 감사한다면 거기에 대해 무슨 일이든 해야겠다고 생각했어요. 그래서 자리에 앉아 시부모님께 수표를 쓰고 그 아이를 위해 써달라고 말씀드렸어요. 오늘 아침 저는 정말 기분이 좋습니다."

다음 날 아침에도 전화를 걸었고 그녀는 이렇게 말했다.

"어제보다도 훨씬 기분이 좋아요."

"이번엔 뭘 하셨죠?"

"우리 집 근처에 살고 있는, 발육이 더딘 아이를 키우는 부인이 생각났어요. 오늘 아침에 그분을 찾아가서 제가 아이를 도울 방법이 있는지 여쭤봤죠. 그분은 너무 놀라서 말을 잇지 못하셨어요. 그 집에 있으면서 제가 할 수 있는 일을 하기 시작했답니다."

"발육이 더딘 아이를 위해 부인이 무엇을 해야 할지 아십니까?"

"그럼요, 목사님. 저는 특수아동 교육 석사 학위를 가지고 있거든요."

"졸업하신 뒤로 아이들을 돌본 적이 있습니까?"

"아뇨, 이 아이가 제가 처음으로 돌보는 아이예요."

"하나님이 부인의 삶에 왜 그런 일을 허락하셨는지 이제 이해가 가십니까?"

"네, 목사님. 이제 저는 진심으로 하나님을 찬양합니다!"

그날 이후로 부인은 변화되었다. 이전에 그녀를 알던 사람들은 그녀가 언제나 엄청난 고통을 겪는 것처럼 보이고 그렇게 행동했다고 말했다.

이제 그들은 그녀가 뭔가 멋진 비밀을 발견한 듯 보이고 그렇게 행동한다고, 그래서 그녀가 내뿜는 광채와 기쁨을 통해 사람들이 그리스도께로 이끌린다고 말한다.

찬양, 하나님과 교제하는 최고의 수단

예수님은 우리를 둘러싼 환경을 변화시켜주겠다고 약속하지 않으셨다. 대신 하나님이 정말로 모든 일을 통제하신다는 것을 믿고자 하는 이들에게 엄청난 평화와 순전한 기쁨을 분명히 약속하셨다.

찬양하는 행위 그 자체가 일련의 상황 가운데 하나님의 능력을 드러내고, 그것이 하나님의 뜻이라면 하나님이 그 상황들을 변화시키신다. 어떤 문제의 해결책을 방해하는 것은 대부분 우리의 태도다. 주권적이신 하나님은 분명 우리의 잘못된 사고 패턴과 태도에 영향을 미치신다.

그러나 하나님의 온전한 계획은 우리 각자가 그분과 교제하고 소통하게 하시는 것이다. 그래서 하나님은 우리가 우리의 잘못된 태도에 주의를 기울이게 하는 상황과 사건을 허락하신다.

나는 찬양 기도가 하나님과 의사소통하는 최고의 형식이라는 것과 언제나 우리 삶에 큰 힘을 불어넣어 주는 것임을 믿게 되었다.

하나님을 찬양하는 것은 우리가 기분 좋아서 하는 행동이 아니라 오히려 순종의 행위다. 이를 악무는 의지력을 발휘하여 찬양 기도를 드릴 때가 종종 있다.

그러나 우리가 꾸준히 찬양 기도를 드리면 어떻게든 하나님의 능력이 우리와 우리 상황 안으로 들어온다. 아마 처음에는 졸졸 흐르겠지만 나중에는 점점 불어나 물줄기를 이루어 마침내 우리를 홍수처럼 덮치고 오래된 상처와 흉터를 씻어낸다.

찬양 기도의 놀라운 능력

어떤 군인의 부인이 나를 찾아와서는 자신의 문제에는 한 가지 해결책밖에 없다는 것을 깨달았다고 말했다.

그녀의 남편은 과도한 음주 문제로 지난 몇 년간 알코올 의존증 상태였다. 그는 술에 취해 걸핏하면 거실 바닥에서 정신을 잃었고, 아내와 십 대 자녀들은 홀딱 벗고 잠들어 있는 그를 발견하곤 했다. 그런 상태로, 여러 가구가 거주하는 아파트 복도에서 발견되기도 했다.

결국 아내는 견디다 못해 아이들을 데리고 집을 나갈 결심을 했다. 친구들은 적어도 먼저 나를 만나 이야기를 해보라고 설득했다.

"목사님, 무슨 말씀을 하셔도 좋지만, 남편과 계속 살라는 말씀만 하지 마세요. 그건 절대 못 하겠어요."

"부인께서 남편과 함께 살건 말건 저는 별로 상관하지 않습니다. 저는 그저 부인께서 부인의 남편이 그런 사람이라는 사실에 감사하기를 바랍니다."

나는 범사에 하나님께 감사해야 한다고 말하는 성경 말씀을 조심스럽게 설명하면서, 만약 그렇게 한다면 하나님이 가장 좋은 방법으로 부인의 문제를 해결해주실 수 있다고 말했다.

그녀는 말도 안 되는 소리라고 생각했지만, 결국에는 함께 무릎을 꿇기로 했다. 나는 하나님은 온 우주를 손안에 가지신 사랑과 능력의 하나님이심을 그녀가 믿을 수 있도록 충분한 믿음을 달라고 기도했다.

마침내 그녀가 말했다.

"진심으로 믿습니다."

두 주 후에 그녀에게 전화를 걸었다.

"너무나도 경이로워요!"

그녀가 말했다.

"남편이 다른 사람이 되었어요. 2주 동안 술을 마시지 않았다니까요."

"정말 대단합니다. 남편분과 이야기를 나눠보고 싶습니다."

내가 말했다.

"무슨 말씀이시죠?"

그녀는 놀란 기색이었다.

"부인의 삶에 역사하고 계시는 능력에 대해 제가 남편분과 이야기를 나눠보면 좋을 것 같아서요."

"이미 말씀하신 게 아니었나요?"

그녀는 당황한 것 같았다.

"아뇨, 남편분을 만나본 적도 없는걸요."

"목사님, 이건 기적이에요."

그녀가 소리 질렀다.

"제가 목사님 사무실에 갔던 날, 퇴근한 남편이 7년 만에 처음으로 냉장고에서 맥주를 찾지 않더라고요. 대신에 거실로 가더니 아이들과 대화를 나눴어요. 그래서 저는 목사님이 남편에게 이야기하신 줄 알았죠."

우리가 드리는 찬양 기도는 하나님의 능력을 펼쳐 다른 이들의 삶 가운데 역사하게 한다. 부인은 수화기 너머에서 엉엉 울었다.

"목사님, 하나님을 찬양합니다."

그녀가 흐느꼈다.

"저는 이제 하나님이 우리 삶의 모든 사소한 문제도 해결하신다는 것을 믿습니다."

모든 것이 합력하게 하신다

한 젊은 병사가 심각한 심장 질환으로 의식을 잃고 쓰러져 포트 베닝 병원으로 이송되었다. 퇴원 후에도 잦은 검사 때문에 병원을 찾아야 했던 그는 결국 심장 수술을 위해 다른 병원으로 옮겨질 예정이었다.

그는 그 소식을 듣고 절망에 빠져 술을 마시기 시작했다. 그의 절망은 점점 커졌고 마침내 그는 탈영을 결심했다. 그는 다른 내무반에 있는 몇몇 병사들의 옷을 훔친 뒤 일등상사의 차를 타고 떠났다. 차는 완전히 망가졌다.

이 불운한 병사는 붙잡혔고 영창에 갇혀 재판을 기다리게 되었다. 그곳에서 또 다른 병사가 그를 그리스도께 인도했다. 내가 그를 만나러 갔을 때 그는 여전히 우울했고, 자기 인생을 완전히 망쳐버려 아무에게도 쓸모없는 존재가 될까 두려워했다.

"하나님은 귀관의 죄를 용서하시고 기억하지 않으십니다."
내가 말했다.

"귀관의 과거를 귀관 목에 둘린 사슬이라고 생각하지 마십시오. 삶의 모든 사소한 것 하나까지 하나님께 감사하고, 하나님이 귀관이 있는 지금 이곳으로 귀관을 데려오기 위해 이 모든 것을 허락하셨음을 믿으십시오."

우리는 하나님이 그분을 사랑하는 자들을 위해 모든 것이 합력하게 하신다는 말씀을 찾아 함께 읽었다.

"그리고 이 말씀은 단지 하나님께 귀관의 삶을 맡기겠다고 기도한 후에 일어나는 일만 뜻하지 않습니다. 우리가 과거의 실수와 실패를 감사하면서 하나님께 내려놓으면 그분은 그것마저도 사용하실 수 있습니다."

그는 그 뜻을 이해했고, 지금까지 일어난 모든 일에 대해 진심으로 하나님께 감사하기 시작했다. 재판이 다가오자, 그의 피고 측 변호사는 그가 바랄 수 있는 최선은 5년 형과 불명예제대라고 말했다.

그러나 그는 두려워하지 않고 무슨 일이 일어나든 하나님이 그의 삶을 온전히 통제하시며 그의 유익을 위해 모든 문제를 해결하실 거라고 확신했다.

고등군법회의에서 뜻밖의 결말이 벌어졌다. 고등군법회의는 군 당국이 엄중한 처벌이 필요한 범죄라고 여기지 않는 한 절대 개최되지 않는다. 그런데도 이 병사는 그 지역 영창에서의 6개월 형과 함께 군대에서 제대하지 않아도 된다는 판결을 받았다.

나는 군종장교인 커리 본과 함께 형무소에 있는 그를 만나러 갔다. 우리는 그를 격려하기 위해 거기 갔다고 생각했지만 실제로는 그가 우리를 격려해주었다. 그는 전염성이 강한 기쁨으로 가득 차 있었다. 형무소 안은 이내 우리 웃음소리로 가득했다.

이 젊은 병사는 여전히 가만히 있지 못했다. 그는 웃으며 면회실 안을 뛰어다녔다.

떠날 채비를 하기 전 우리는 그에게 기분이 어떠냐고 물었다. 그는 심장 수술이 예정되어 있어서 의학적으로 말하자면 여전히 주의가 필요한 상태였다. 그는 신체적으로는 무척 힘들고 걸핏하면 심장이 그를 괴롭힌다고 고백했다. 하지만 그는 이렇게 말했다.

"하나님이 저를 돌보아주시다니 정말 멋진 일입니다."

우리가 그에게 치유 기도를 원하느냐고 묻자 그가 대답했다.

"네, 기도해주십시오. 하나님이 저를 고쳐주실 거라 믿습니다."

우리는 그에게 손을 얹고 그리스도를 통해 바로 그곳에서 하나님이 그를 치유하고 계신다고 믿었다. 병사는 밝게 웃으며 이렇게 말했다.

"저는 치유되었다고 믿습니다."

몇 주 뒤 나는 그 병사의 중대장과 이야기를 나누었다.

"이 병사를 계속 형무소에 가두는 것은 세금 낭비라고 생각합니다."

"왜 그렇습니까, 목사님?"

그가 물었다.

"이 병사는 옷과 차를 훔치고 망가뜨렸던 이전의 그가 아닙니다. 그는 완전히 변화되었습니다."

중대장은 동의하며 그 병사를 석방해주었다. 일주일 후, 나는 그에게 기분이 어떤지 물었다.

"목사님, 전에는 100미터만 걸어도 지치곤 했습니다. 하지만 이젠 뛸 수도 있고 절대 지치지 않는 것 같습니다. 하나님이 저를 고쳐주셨습니다."

찬양할 때 적들이 도망친다

어느 곳엘 가든지 이제는 내가 발견한 찬양의 능력을 나누곤 했다. 나는 찬양이 예배나 기도의 한 가지 형태일 뿐만 아니라 영적 전쟁을 치르는 한 가지 방법임을 깨닫기 시작했다. 대개 누군가 자신이 직면한 문제로 인해 하나님을 찬양하기 시작하면 사탄은 공격 수위를 높이고, 문제 상황은 개선되기보다 악화되는 것처럼 보인다는 것을 알게 된다. 찬양의 방법을 택했던 많은 사람은 낙담하게 되고 하나님이 책임지신다는 믿음에 의지할 수 없게 된다.

많은 이들이 이해하지 못하고 즐겁지 않은 일들에 대해 하나님을 찬양하려 시도하지 않았다. 그들은 이렇게 말하곤 했다.

"말도 안 되는 소리야. 내가 보기에 하나님과 상관없는 일을 가지고 하나님을 찬양하지 않을 거야. 부러진 팔이나 고장 난 차, 성질 더러운 남편과 하나님이 무슨 상관이 있어? 그런 것에 대해 하나님께 감사한다면 내가 멍청한 거지."

물론 말도 안 되는 일이다. 문제는 그것이 효과가 있느냐는 것이다. 예수님이 이렇게 말씀하신 것도 정말 말이 안 되는 소리다.

"배고프거나 가난하거나 박해를 당해도 기뻐 뛰어라."

그렇지만 예수님은 우리에게 바로 그렇게 하라고 확실히 말씀하신다. 느헤미야서 8장 10절을 보자.

> 느헤미야가 또 그들에게 이르기를
> 너희는 가서 살진 것을 먹고 단 것을 마시되
> 준비하지 못한 자에게는 나누어 주라
> 이 날은 우리 주의 성일이니 근심하지 말라
> 여호와로 인하여 기뻐하는 것이 너희의 힘이니라 하고 느 8:10

적의 화살은 주님을 찬양하는 사람의 기쁨을 관통할 수 없다. 역대하 20장에서 우리는, 이스라엘 백성이 그저 여호와를 찬양하고 그 전쟁이 그들에게 속한 것이 아니라 하나님께 속한 것이라고 하신 하나님의 말씀을 믿기만 했는데 적군이 패배한 것을 본다.

그 말씀이 주는 메시지는 지금도 분명하다. 전쟁은 우리에게 속한 것이 아니라 하나님께 속한 것이다. 우리가 하나님을 찬양하면 하나님은 우리 적들이 도망치게 하신다.

찬양의 사다리

주님을 찬양하기를 거부하는 사람들을 보면 실망스럽고 슬펐다. 그들이 고통스럽고 비참하게 가망 없는 문제 상황 가운데 있는 모습을 보면 가슴이 아팠다. 나는 찬양의 방법을 받아들이지 못하는 그들을 이해할 수 있는 지혜를 달라고 하나님께 기도했고, 아울러 다른 사람들을 하나님을 찬양하는 길로 이끌 수 있는 더 나은 방법을 가르쳐달라고 기도했다.

거의 7개월이 지난 후, 캠프 파디스트 아웃 수련회에 참석한 나는 성령님 가운데 기쁨으로 웃는 경험을 처음으로 할 수 있었다. 나는 그리스도 안에서 형제자매 된 이들과 교제하며 안식하고 기뻐할 수 있는 시간을 고대하고 있었다.

치유 예배를 드리는 동안 강당 뒤편에 앉아 있던 내가 두 눈을 감자, 내 눈앞에 하나님이 그림을 한 장 그리셨다.

아름답고 눈부신 여름날이 펼쳐졌다. 대기는 햇살로 가득했고 나는 만물에서 아름다움을 느낄 수 있었다. 머리 위로는 무거운 먹구름이 빈틈없이 가득해서 그 너머로 아무것도 보이지 않았다.

사다리 하나가 땅에서부터 검은 구름까지 펼쳐졌다. 사다리 아래쪽에는 수많은 사람이 사다리에 오를 기회를 얻으려 애를 쓰고 있었다.

그들은 그 검은 구름 위에 이제껏 인간이 본 것보다 더 아름다운 무언가가, 그곳에 다다르는 사람들에게 믿을 수 없는 기쁨을 가져다주는 무언가가 있다는 이야기를 들었다. 한 사람 한 사람씩 위로 올라가려 애쓰면서 그들은 구름 아래쪽 구석으로 재빨리 올라갔다. 구경꾼들은 무슨 일이 벌어지나 지켜보고 있었다.

얼마 후 누군가가 사다리에서 험하게 미끄러져 내려와 구경꾼들 사이로 떨어지자 사람들은 사방으로 뿔뿔이 흩어졌다. 그들이 말하기를, 어두움에 이르자 모든 방향감각을 잃어버렸다고 했다.

드디어 내 차례가 되어서 컴컴한 구름을 향해 사다리를 올랐다. 그 어두움이 너무 강렬한 나머지 나를 억지로 미끄러뜨릴 정도의 힘이 느껴졌다. 그러나 나는 한 걸음 한 걸음 위로 올라갔고 갑자기 이제껏 보지 못했던 가장 강렬한 눈부심이 시야에 들어왔다. 말로 표현하기 힘들 정도로 너무나 영광스럽고 눈부신 백색이었다.

검은 구름을 벗어나 위로 올라온 나는 그 구름 위로 걸을 수 있다는 것을 알게 되었다. 그 빛을 바라보면 아무 어려움 없이 걸을 수 있었다. 무슨 구름인지 살펴보려고 아래를 내려다보자마자 몸이 가라앉기 시작했다. 빛을 바라보아야만 구름 위에 머무를 수 있었다.

바로 그때 장면이 바뀌어서, 나는 다시 돌아와 멀리서 각기 다른 세 층을 바라보고 있었다.

'이게 다 무슨 뜻입니까?'

내가 묻자, 답이 돌아왔다.

'구름 아래 밝은 햇살은 많은 그리스도인이 그 안에 살며 정상으로 받아들이는 빛이다. 사다리는 나를 찬양하는 사다리지. 많은 사람이 사다리에 올라 범사에 나를 찬양하는 법을 배우려고 애쓴다.

처음엔 모두들 열심이지. 하지만 자기가 이해할 수 없는 상황에 이르면 그들은 혼란스러워하고 버티지 못한다. 믿음을 잃고 미끄러져 떨어지지. 떨어지면서 그들은 끊임없는 기쁨과 찬양 가운데 살아가는 방법을 찾기 원하는 다른 이들을 다치게 한다.

그 고난의 시간을 이겨 낸 자들은 새로운 세계에 이르러서 한때 자기들이 정상이라고 생각했던 삶이, 나를 찬양하고 내가 세심하게 그들을 지켜본다는 사실을 믿는 자들을 위해 내가 준비한 삶과는 비교할 수도 없다는 것을 깨닫는다. 천국의 빛에 다다른 자는 자신의 문제가 아닌 그리스도 안에 있는 나의 승리를 바라보기만 한다면, 제아무리 컴컴해 보이는 어려움이라 해도 그 위로 걸을 수 있다.

네 삶의 모든 사소한 부분에서 일하는 나를 신뢰하기가 제아무리 어렵다 해도 찬양의 사다리를 꼭 붙들고 위로 올라가라!'

하나님의 환상과 말씀에 반쯤 넋이 나간 나는 하나님이 언제쯤 내가 이 말씀을 다른 사람들과 나누는 것을 허락하실지 궁금했다.

거기서 나는 질병과 가족 문제로 어려움을 겪는 한 여성을 만났다. 그녀는 하나님을 찬양한다고 해서 뭔가 도움이 될 거라는 사실을 믿기 어려웠다.

마음속으로 내가 인도하심을 요청하자 하나님이 말씀하셨다.

'그에게 말하라!'

그래서 나는 이렇게 말했다.

"이 이야기를 듣는 건 당신이 처음일 겁니다."

내 이야기를 듣는 그녀를 보니, 말 그대로 중압감을 벗어던진 듯했다. 얼굴과 두 눈은 기쁨에 가득 찬 기대감으로 빛나고 있었다.

바울은 에베소서 1장과 2장에서, 내가 본 환상을 조금 다른 표현으로 묘사하고 있었다.

찬송하리로다
하나님 곧 우리 주 예수 그리스도의 아버지께서
그리스도 안에서 하늘에 속한
모든 신령한 복을 우리에게 주시되
곧 창세 전에 그리스도 안에서 우리를 택하사
우리로 사랑 안에서 그 앞에 거룩하고 흠이 없게 하시려고 …
그의 은혜의 영광을 찬송하게 하려는 것이라 …
하늘에 있는 것이나 땅에 있는 것이
다 그리스도 안에서 통일되게 하려 하심이라 …
이는 우리가 그리스도 안에서 전부터 바라던
그의 영광의 찬송이 되게 하려 하심이라 …
그의 힘의 위력으로 역사하심을 따라
믿는 우리에게 베푸신
능력의 지극히 크심이 어떠한 것을
너희로 알게 하시기를 구하노라
그의 능력이 그리스도 안에서 역사하사
죽은 자들 가운데서 다시 살리시고

> 하늘에서 자기의 오른편에 앉히사
> 모든 통치와 권세와 능력과 주권과 이 세상뿐 아니라
> 오는 세상에 일컫는 모든 이름 위에 뛰어나게 하시고 …
> 또 함께 일으키사
> 그리스도 예수 안에서 함께 하늘에 앉히시니 엡 1:3-2:6

예수 그리스도는 모든 어둠의 권세 위로 높이 들리시며, 성경 말씀에 따르면 우리의 정당한 유업도 바로 그 어둠 위에 그리스도 안에 함께 있다. 사다리는 찬양이다!

어둠의 속박을 깨뜨리는 찬송의 능력

나는 찬양의 능력을 점점 더 인식하게 되면서 적의 올가미도 점점 더 깨닫게 되었다.

찬양에 대한 통찰을 찾아 성경을 연구하기 시작할 무렵, 나는 그리스도 안에서 우리가 받은 능력, 곧 어둠의 세력에 맞서 싸울 힘에 관해 설명하는 성경 말씀에 끌렸다.

나는 예수님이 그리스도를 믿는 자들에게서 나타나는 징후에 대해 말씀하시는 마가복음 16장 내용을 오랫동안 알고 있었다.

> 믿는 자들에게는 이런 표적이 따르리니
> 곧 그들이 내 이름으로 귀신을 쫓아내며
> 새 방언을 말하며 뱀을 집어올리며
> 무슨 독을 마실지라도 해를 받지 아니하며
> 병든 사람에게 손을 얹은즉 나으리라 하시더라 막 16:17-18

나는 이 말씀이 20세기를 살아가는 나에게도 모두 유효한지, 만약 그렇다면 그것을 어떻게 사용해야 하는지 간구하는 기도를 하나님께 드렸다.

나는 내가 특정한 사람들과 함께 있을 때면 종종 불편함을 느끼게 된다는 것을 깨달았다. 하나님께 여쭈어보니 그들이 가진 악한 속성이 문제라는 인상을 강하게 받았다.

나는 기도 시간에 그런 부류의 사람과 대면했을 때 어떻게 하면 좋을지 하나님이 알려주시기를 기도했다.

어떤 군인에게 버림받은 아내가 있었는데 그는 세 아이도 함께 남겨두고 떠났다. 그 여성은 자포자기하여 자살을 시도했지만, 병원으로 급히 후송되어 목숨을 건졌다. 퇴원하자 친구들이 그녀를 나에게 데려왔다. 그의 모습은 절망 그 자체였다. 친구들은 몇 년간 그녀가 웃는 모습을 본 적이 없다고 말했다.

나는 그 여성에게 하나님을 찬양하는 방법에 대해 이야기하기 시작했지만, 이내 멈춰야겠다고 생각했다. 여인의 눈을 바라보니 불현듯 그녀의 내면에 무언가 굉장히 잘못되고 무척 사악한 기운이 느껴졌다.

내 마음속에 두려움이 느껴졌다. 내가 정말로 악과 대면하고 있다는 것을 깨달았다.

나는 마음속으로 기도했다.

'주님, 저는 너무 멀리 와서 이제 돌이킬 수 없습니다. 저는 주님이 역사하실 것을 신뢰하는 믿음으로 나아가겠습니다.'

나는 그 여성의 눈을 똑바로 바라보며 악한 영에게 구주 예수 그리스도의 이름과 그분이 흘리신 피의 능력으로 그녀에게서 나오라고 큰소리로 명령했다.

멍하던 두 눈이 갑자기 맑아지더니, 그녀는 하나님을 신뢰하고 찬양하기만 하면 그분이 모든 것을 합력하여 선을 이루시리라고 설명하는 내 말을 들을 수 있게 되었다.

이제 그녀는 마음껏 이해할 수 있게 되었고, 아름다운 광채를 띠며 미소 지었다. 예수 그리스도는 그의 삶을 위협했던 어둠의 속박을 깨뜨리셨다.

삶에서 경험하는 찬양의 능력

군종장교인 커리 본 주니어도 그의 삶에서 찬양의 능력을 경험하기 시작했다. 오래 지나지 않아 그는 자신의 어려움에 대해 하나님을 찬양하기 시작했는데, 어느 날 저녁 집에 도착한 그는 두 살 먹은 딸이 고급 테레빈유의 일종인 미네랄 스피릿을 한 컵 마셨다는 것을 알게 되었다. 딸은 이미 병원으로 후송되어 있었다.

커리는 차에 올라타서 최고 속도로 달렸다. 그의 머릿속은 두렵고 걱정스러운 생각들이 소용돌이치고 있었다. 자신이 무슨 행동을 하고 있는지 갑자기 깨달은 그는 자동차를 정상 속도로 늦추고 딸에게 일어난 일에 대해 주님께 감사했다.

병원에서는 딸의 위를 세척하고 엑스레이를 찍은 뒤 커리에게 두 가지 일이 생길 거라고 말했다. 첫째, 오늘 밤 딸은 고열에 시달릴 테고, 둘째, 딸에게 폐렴이 생길 확률이 95퍼센트라고 했다.

커리와 그의 아내 낸시는 딸을 집으로 데려온 뒤 의사가 말한 대로 면밀히 관찰할 준비를 했다.

집에서 커리는 딸을 품에 안고 이렇게 기도했다.

"하늘에 계신 아버지, 사탄이 저를 또 한 번 공격하려 한 것을 제가 압니다. 그러나 저는 하나님을 찬양합니다! 이제 저는 예수님의 이름으로 버지니아가 열이 나지 않고 폐렴에도 걸리지 않을 것이라고 확신합니다."

다음 날 아침 버지니아는 예전처럼 밝고 명랑하게 잠에서 깼고 아무런 부작용도 겪지 않았다.

염려와 두려움 대신 평안과 기쁨

어느 성공한 사업가가 십 대 딸의 문제로 나를 찾아왔다. 나는 그의 가족을 잘 알았고 그의 딸이 보통 이상의 사랑과 보살핌을 받았다는 것도 알고 있었다. 하지만 그의 딸은 자기 여동생을 끔찍이도 싫어하고 있었다. 여동생에게 폭언을 퍼붓고 무거운 물건이 눈에 띄면 무엇이든 집어 여동생을 때리곤 했다.

곤혹스러웠던 부모는 딸을 치료하기 위해 정신과 의사에게 데려가기도 했고, 딸에게 신경안정제를 먹여보기도 했고, 이 끔찍한 문제를 해결할 방법을 찾을 수 있도록 하나님이 도와달라고 오랫동안 기도도 했다.

딸의 감정 폭발이 점점 더 심해지자 부부는 위험을 느꼈다.

나는 부모를 만나 그들이 실패한 한 가지 일을 시도해보라고 권했다.

"그게 뭔가요?"

그들이 물었다.

"주님이 두 분의 필요를 채우시기 위해 이 아이를 보내셨다는 사실에 감사하십시오. 두 분 가정에 가장 큰 축복이 무엇인지 정확히 알고 계신 주님을 진심으로 찬양하십시오."

맨 처음 두 사람은 그것이 완전히 자신들의 능력 밖의 일이라고 생각했다. 문제 해결을 위해 오랫동안 애써왔는데, 아무 변화가 없는 것을 갑자기 기뻐할 수는 없는 노릇이었다. 우리는 함께 성경 말씀을 읽은 다음 하나님이 기적을 행하셔서 그들이 하나님께 감사할 수 있게 해달라고 기도했다.

정말 기적이 일어났다. 그들이 감사함을 느끼고 감사하기 시작했다. 그들은 그렇게 두 주간을 실천했다. 끝없는 염려와 두려움 대신 평안과 기쁨을 경험했다.

어느 날 저녁 두 사람은 거실에 앉아 있었고 큰딸은 꽃이 핀 화분을 들고 거실 한가운데 서 있었다. 큰딸은 부모를 쳐다보았고 부모가 큰딸을 주목하자 웃으며 양탄자 위에 화분을 떨어뜨렸다. 흙, 화분 조각, 꽃들이 사방으로 튀었다.

딸은 미소를 지은 채 서서 부모의 반응을 기다렸다. 부모는 하나님 찬양을 실천하는 일에 전념하고 있었기 때문에 두 사람은 자동으로 동시에 이렇게 말했다.

"주님, 감사합니다."

큰딸은 깜짝 놀라 부모를 바라보았다. 그러고는 고개를 들어 하늘을 올려다보며 이렇게 말했다.

"주님, 저에게 가르침을 주셔서 감사합니다."

바로 그 순간부터 큰딸이 회복되기 시작했다.

부모는 기뻐하며 나를 찾아왔다. 찬양의 능력이 효과가 있었다. 오랜 세월 사탄은 딸을 통해 그 가족을 속박했다. 이제 사탄의 저주는 깨졌다.

찬송과 감사는 회피가 아니다

야고보서는 우리가 하나님을 가까이하고 사탄에게 저항해야 한다고 말씀한다. 로마서 12장 21절에서 바울은 그 방법을 설명한다.

> 악에게 지지 말고 선으로 악을 이기라 **롬 12:21**

어떤 사람들은 이런 찬양의 원리가 긍정적 사고방식의 힘을 표현하는 또 다른 방식이 아니냐고 물었다. 천만의 말씀이다. 모든 상황에서 하나님을 찬양하는 것은 어려운 일을 못 본 척하라는 의미가 아니다.

빌립보서에서 바울은 아무것도 염려하지 말라고 하지만 "다만 모든 일에 기도와 간구로, 너희 구할 것을 감사함으로 하나님께 아뢰라"라고 말한다.

어느 상황에서든 좋은 면만 보는 것은 종종 그 현실을 도피하려는 위험한 방법이다. 하나님을 찬양할 때 우리는 '우리가 처한 상황에도 불구하고'가 아니라 '그 상황 때문에' 감사하는 것이다.

우리는 우리의 딜레마를 회피하려 애쓰지 않는다. 오히려 예수 그리스도는 그것을 극복할 방법을 우리에게 보여주신다.

순전한 마음으로 찬송하라

여기 찬양의 사다리가 있다. 그리고 나는 어떤 상황에 처해 있든지 그 누구도 예외 없이 바로 지금 하나님을 찬양할 수 있다고 믿는다.

우리의 찬양이 하나님이 우리에게 주시고자 하는 온전함에 이르기 위해서는 그 어떤 보상도 생각하지 않아야 한다. 찬양은 주님과 흥정하는 또 다른 방법이 아니다.

"자, 저희가 이 난장판 가운데서도 주님을 찬양했으니 이제 저희를 여기서 꺼내주세요!"

우리는 이렇게 말해선 안 된다.

순전한 마음으로 하나님을 찬양한다는 것은 하나님이 우리 마음을 불순한 동기와 숨겨진 속셈으로부터 깨끗이 씻어내시도록 해야 한다는 뜻이다. 우리는 자아에 대해 죽음으로써 그리스도 안에서 마음과 영이 새롭게 되어 다시 살 수 있다.

자아에 대해 죽는 것은 꾸준히 계속되는 여정과 같으며, 나는 찬양을 통해서만 그 여정이 가능하다고 믿게 되었다.

　하나님은 그분을 찬양하라고 우리를 부르고 계신다. 그리고 가장 고귀한 찬양의 형태는 히브리서 13장 15절에서 바울이 우리에게 드리라고 권고하는 그것이다.

> 그러므로 우리는 예수로 말미암아
> 항상 찬송의 제사를 하나님께 드리자
> 이는 그 이름을 증언하는 입술의 열매니라 히 13:15

　우리를 둘러싼 모든 것이 어둠뿐일 때 찬양의 제사가 드려진다. 그분이 하나님이요 아버지시며 주님이시기 때문에 무거운 마음으로 하나님께 드리는 것이다.

　우리가 하나님을 찬양하기 시작하면, 우리가 사다리의 어느 계단에 있든지 하나님의 성령이 우리 존재를 더욱 충만하게 채우기 시작하신다.

　하나님을 끊임없이 찬양한다는 것은 우리가 베드로와 함께 "말할 수 없는 영광스러운 즐거움"으로 충만하여 기뻐하게 될 때까지 우리 안에 있는 자아는 작아지고 그리스도의 임재가 커진다는 뜻이다.

| 에필로그 |

 《감옥에서 찬송으로》를 읽은 수많은 독자가 예수 그리스도를 구세주로 영접했습니다. 나는 당신도 주님이 주시는 소중한 무언가를 받았기를 기도합니다.

 27년 전 《감옥에서 찬송으로》를 쓴 이후로, 범사에 주님을 찬양할 때 우리 삶에 어떤 역동적인 힘이 솟아난다는 나의 확신은 점점 강해졌습니다.

 당신이 아직 예수님을 당신의 구세주이자 주님으로 영접하지 못했다면 나와 함께 이렇게 기도합시다.

 "하나님, 저는 죄인임을 고백합니다. 저의 모든 죄를, 제가 기억하는 죄와 기억하지 못하는 죄까지 용서해주십시오. 예수님, 죄 없는 삶을 사시고 내 죄에 대한 형벌을 받으셨음에 감사합니다. 저는 예수님을 나의 구세주로 영접하고 예수님이 저에게 선물로 주신 영생을 받습니다. 예수님을 위해 살고, 예수님을 섬기고, 예수님을 공경하기 원합니다. 저는 예수님이 주시는 성령님을 받았고 주님을 따르겠습니다."

우리가 예수님을 구세주로 받아들이면 성령님이 우리 마음 속에서 일하시기 시작합니다. 하나님의 목적을 성취하기 위해 당신 안에서 주님이 역사하시기를 원한다면, 저는 다음과 같이 강력히 권면합니다.

첫째, 매일 하나님 말씀을 열심히 공부하십시오.
그럴 필요 없다고 당신에게 설득하려는 강한 세력이 있을 것입니다. 성경은 스스로를 "하나님의 감동"이라고 말씀합니다. 그 천상의 감동이 없다면 우리는 곧 미지근한 기독교인이 될 것입니다.

둘째, 예수님처럼 규칙적으로 기도하십시오.

예수님은 하나님과 대화하기 위해 동이 트기 전에 일어나셨습니다. 예수님은 제자들에게 하다못해 한 시간도 기도하지 못하느냐고 물으셨습니다. 당신이 너무 바쁘다거나 기도 효과가 없다는 생각으로 자신을 속이지 마세요. 열렬히 기도하십시오. 그러면 하나님은 새롭고 흥미진진한 방법으로 자신을 드러내 보이실 것입니다.

셋째, 모든 종류의 악에서 등을 돌리십시오.

우리가 악과 교제하면 악은 교묘한 방법을 통해 자신을 받아들여도 괜찮은 것처럼 보이게 합니다. 예를 들면, 수많은 텔레비전 프로그램과 영화는 악이 매력적이거나 심지어 좋은 것처럼 보이도록 제작되었습니다.

넷째, 매일 주님의 증인이 되십시오!

하나님은 우리 죄를 용서하시고 영생을 선물로 주셨습니다. 그 보답으로 하나님은 우리가 다른 이들에게 하나님의 아들에 대해 이야기하기 원하십니다. 많은 그리스도인이 더욱 강한 그리스도인이 되는 방법을 배우려고 많은 시간을 들이지만, 우리의 가장 강력한 힘의 원천은 다른 사람들을 그리스도께로 인도하는 것임을 배우지 못합니다. 이 축복을 놓치지 마십시오!

감옥에서 찬송으로

초판 1쇄 발행	2024년 3월 29일
초판 2쇄 발행	2025년 5월 7일
지은이	멀린 캐러더스
옮긴이	이지혜
펴낸이	여진구
책임편집	이영주 박소영
편집	최현수 구주은 안수경 김도연 김아진 정아혜
책임디자인	마영애 ǀ 노지현 조은혜 정은혜
홍보 · 외서	진효지
마케팅	김상순 강성민
마케팅지원	최영배 정나영
제작	조영석 허병용
경영지원	김혜경 김경희

303비전성경암송학교
이슬비전도학교 / 303비전성경암송학교 / 303비전꿈나무장학회

펴낸곳   규장

주소 06770 서울시 서초구 매헌로 16길 20(양재2동) 규장선교센터
전화 02)578-0003   팩스 02)578-7332
이메일 kyujang0691@gmail.com   홈페이지 www.kyujang.com
페이스북 facebook.com/kyujangbook   인스타그램 instagram.com/kyujang_com
카카오스토리 story.kakao.com/kyujangbook
등록번호 1922-2461
since 1978.08.14

ⓒ 한국어 판권은 규장에 있습니다.
이 출판물은 저작권법에 의해 보호를 받는 저작물이므로 무단 전재와 무단 복제를 할 수 없습니다.

책값 뒤표지에 있습니다.
ISBN 979-11-6504-518-0   03230

규 ǀ 장 ǀ 수 ǀ 칙

1. 기도로 기획하고 기도로 제작한다.
2. 오직 그리스도의 성품을 사모하는 독자가 원하고 필요로 하는 책만을 출판한다.
3. 한 활자 한 문장에 온 정성을 쏟는다.
4. 성실과 정확을 생명으로 삼고 일한다.
5. 긍정적이며 적극적인 신앙과 신행일치에의 안내자의 사명을 다한다.
6. 충고와 조언을 항상 감사로 경청한다.
7. 지상목표는 문서선교에 있다.

하나님을 사랑하는 자 곧 그의 뜻대로 부르심을 입은 자들에게는 모든 것이 合力하여 善을 이루느니라(롬 8:28)

규장은 문서를 통해 복음전파와 신앙교육에 주력하는 국제적 출판사들의 협의체인 복음주의출판협회(E.C.P.A:Evangelical Christian Publishers Association)의 출판정신에 동참하는 회원(Associate Member)입니다.